カリキュラム・マネジメント入門

[introduction to Curriculum Management]

田村 学
文部科学省視学官
［編著］

東洋館出版社

はじめに

新潟は私のふるさとです。多くの雪が降り、寒い冬のイメージをもつ方も多いことでしょう。しかし、広い新潟は、どこもかしこも豪雪地帯というわけではありません。雪の少ない地域もあれば、夏になると猛暑に見舞われる地域もあります。

新潟には、多くの学校があります。多くの特色ある教育活動を行っている学校があります。また、研究熱心な実践者もたくさんいます。そうした実践者のみなさんと、２年間にわたって、上越市を学びの場として学習会を行ってきました。

共に学んできたことは、生活科や総合的な学習の時間を中心に、育成すべき資質・能力、アクティブ・ラーニングやカリキュラム・マネジメント、学習指導要領の改訂にまで広がりました。それぞれの学校での実践をベースにして、その実践から、どのように学習指導をしていくのか、どのように教育課程を編成するのかなどを話し合ってきました。

時を同じくして中央教育審議会では、教育課程の基準の改善について積極的な議論がはじまっていました。おのずと学習会の内容は、そうした新しい学習指導要領の方向性を視野に入れたものとなっていきました。

今期学習指導要領の改訂は、「社会に開かれた教育課程」の考え方の下、「資質・能力」の育成を目指す取組です。そのためには、「主体的・対話的で深い学び」の実現が求められており、「アクティブ・ラーニングの視点による授業改善」と「カリキュラム・マネジメントの充実」が示されています。

授業改善の視点については、多くの反響と話題を呼び実践研究が進んでいます。一方、カリキュラム・マネジメントについては、まだまだ十分な実践研究が行われていないように思います。

そこで本書では、学習会に参加されたみなさんと教育課程を編成し、実施し、見直していくことなどについて整理してみることにしました。

幸い、新潟には、生活科や総合的な学習の時間の誕生を支えてきた豊かなカリキュラム研究の伝統があります。多くの研究開発学校の最先端の取組も残っています。どのようにカリキュラムをデザインし、どのようにカリキュラムをマネジメントしていくのかを具体的な実践事例で考えることができると考えたのです。

また、生活科や総合的な学習の時間は、学校が独自のカリキュラムを創造していく時間であり、生活科や総合的な学習の時間を考えることを通して、カリキュラム・マネジメントについての知見を得ることができると考えたのです。

したがって、本書は、生活科と総合的な学習の時間の実践を基調に原稿を執筆しています。また、具体的な実践事例を中心に据え、実践からカリキュラム・マネジメントにつながる知見を得ようと試みています。

どうすれば「資質・能力」が育成されるカリキュラムをデザインできるのか、どのような点に配慮してカリキュラムをマネジメントすれば「資質・能力」が育成されるのか。そんな不安や疑問に応えることを目指して、書名を「カリキュラム・マネジメント入門」としています。

本書が、日本全国の子供の豊かな学びを実現することにつながることを願っています。そして、そのことが、多くの教師の自己実現にもつながることを期待しています。

きっと、そんな学校が、日本各地をいっそう元気にしてくれるのではないかと楽しみにしています。学校のもっている潜在的なパワーを、地域やふるさとにもっともっと還元し、学校の社会資本としての価値を高めていけたらと考えています。

隔月の学びの場を計画してくださった五島由美子さん、本書の編集を見事に仕上げてくださった上原進さんに御礼申し上げます。お二人は、私を育ててくださった実践の師でもあります。また、構成を考えたり、学びの場を活性化してくださった杉田かおりさん、猪又智子さんにも御礼申し上げます。

最後に、本書の作成に当たり熱心に支えてくださいました東洋館出版社の高木聡さんに御礼申し上げます。

こうした学びの場が、次世代の素晴らしい実践者を次々と育成していることを嬉しく思います。

平成29年3月吉日

文部科学省初等中等教育局視学官　田村　学

〈目次〉

Chapter 01

カリキュラム・デザインが創造する「主体的・対話的で深い学び」

「社会に開かれた教育課程」の下で「育成を目指す資質・能力」

「社会に開かれた教育課程」のスローガンの下、教育課程の基準の改善について、中央教育審議会では活発な議論が展開され公開されてきました。そこでは、「主体的・対話的で深い学び」の実現に向けて、「アクティブ・ラーニング」の視点による授業改善と、「カリキュラム・マネジメント」の充実が示されてきました。

ここでは、この2つの観点から、今期改訂が「育成を目指す資質・能力」と、そのための授業づくりについて考えていきたいと思います。

1　社会の変化と求められる学び

多くの未来予測からも明らかなように、目の前の子供たちが活躍するであろう2030年の近未来の社会においては、人工知能の革新的進化などに象徴される、想像以上の大きな変化が現実味を帯びてきました。現在の小学生は、長生きすればドラえもんに会えるかもしれない世代であるという喩え話も、あながち夢物語などとは言い切れなくなっています。

そうした変化の激しい社会、日常の暮らしの中に人工知能などが普及する社会においては、ただ単に一方的に知識を教えるだけの教育を行っていても期待される人材を育成することはできないのではないでしょうか。

知識の習得はもちろん重要ではあるものの、これからの社会においては、身の回りに生じる様々な問題に自ら立ち向かい、その解決に向けて、異なる多様な他者と協働して力を合わせながら、それぞれの状況に応じて最適な解決方法を探り出していく力をもった人材こそが求められていると考えられます。

また、様々な知識や情報を活用・発揮しながら自分の考えを形成したり、新しいアイディアを創造したりする力をもった人材が求められているのではないでしょうか。

こうした新しい社会で活躍できる人材の育成に向けては、**「何ができるようになるか」が重要であり、そのためには「何を学ぶか」に加えて、「どのように学ぶか」が大切な視点としてクローズアップされてきている**のです。

2 「育成を目指す資質・能力」

現在の日本の子供の学力を分析すれば、およそ大きな成果が上がってきてると考えることができそうです。例えば、ＰＩＳＡ調査の結果においては、近年好ましい状況を示し、世界的に見ても高水準を保っているようです。また、全国学力・学習状況調査の結

資料1　標準化得点が低い県と全国平均の差の縮小―全国学力・学習状況調査の結果から

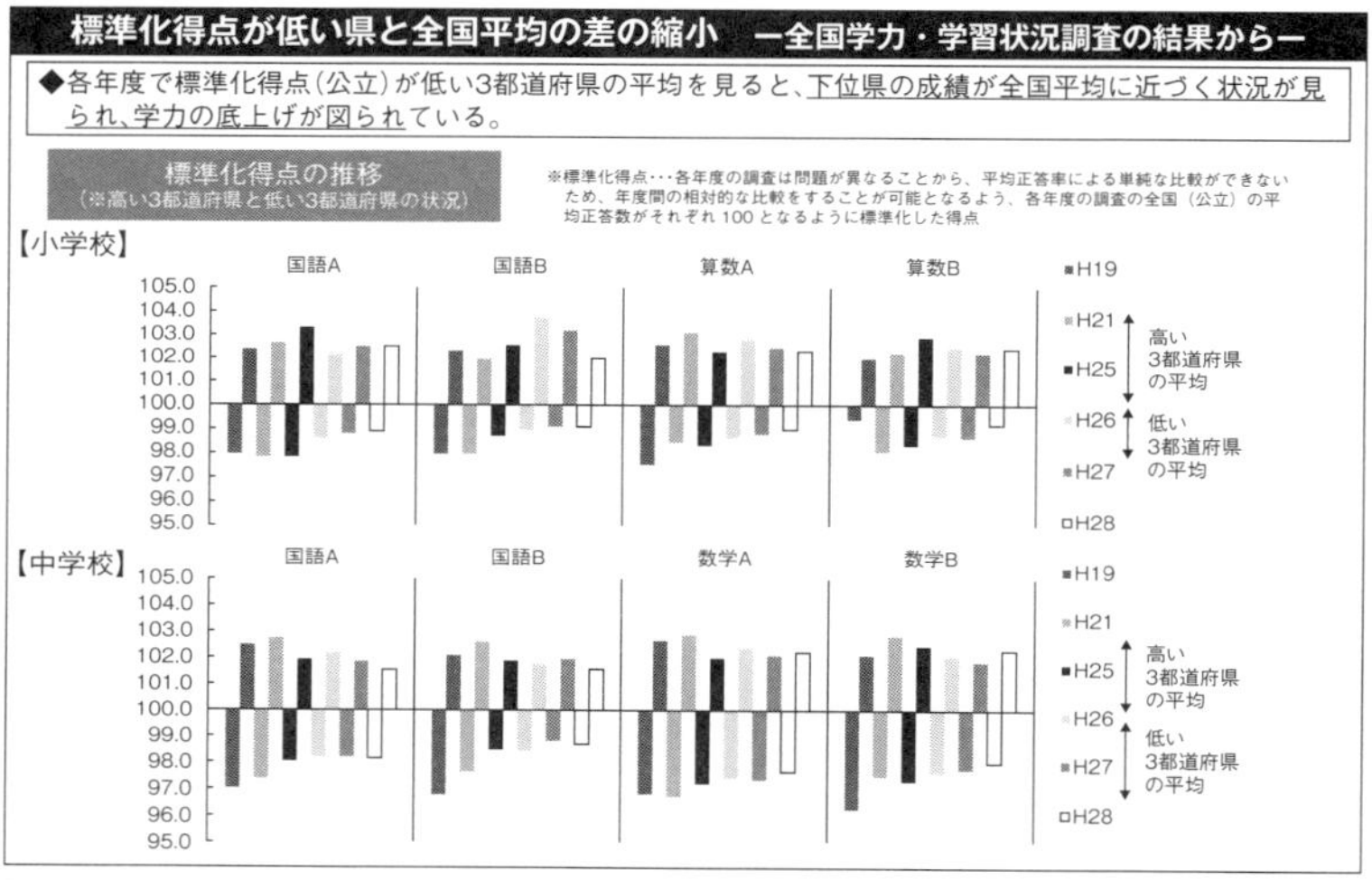

［出典］文部科学省・国立教育政策研究所「平成28年度全国学力・学習状況調査の結果（概要）」

果については、各都道府県の格差が縮まり、テストなどによって測定できる学力については、一定の成果が出ていると考えることができそうです（資料1）。

一方、TIMSSの調査結果からは、「授業が楽しくない」「授業が役立つとは思わない」などの意見をもつ子供の割合が諸外国より高く、近隣諸国の子供より自己肯定感が低いことなども明らかになっています。学力が上がっているにもかかわらず、です。さらには、自分で考え、判断して、行動する力などにも不十分さを示しています。

社会の変化を見据えることのみならず、子供の実態を見つめることからも、「何ができるようになるか」のために、「どのように学ぶか」をいっそう重視する必要があることが理解できるのではないでしょうか。こうした社会の変化や子供の実態から、中央教育審議会では「何ができるようになるか」という視点から、「育成を目指す資質・能力」を以下の3つの柱として検討を進めてきました。

①「何を理解しているか、何ができるか」
（生きて働く「知識・技能」の習得）

②「理解していること・できることをどう使うか」
（未知の状況にも対応できる「思考力・判断力・表現力等」の育成）

③「どのように社会・世界と関わり、よりよい人生を送るか」
（学びを人生や社会に生かそうとする「学びに向かう力・人間性等」の涵養）

ここに示された「育成を目指す資質・能力」が、一人一人の子供に確かに身に付くようにするために、「どのように学ぶか」が今まで以上に問われることになるのでしょう。そこでは、これまでのような一方的に知識を教え込む「チョーク・アンド・トーク」の授業、一人一人の子供が受け身の授業、を大きく改善していかなければなりません。なぜなら、そうした**受動的で指導者中心の学びでは、実際の社会で活用できる資質・能力が育成されるとは到底考えることができない**からです。能動的で学習者中心の学びこそが求められているのです。

3 資質・能力を育成する「主体的・対話的で深い学び」

生きて働く「知識・技能」、未知の状況にも対応できる「思考力・判断力・表現力等」、人生や社会において学びを生かそうとする「学びに向かう力・人間性等」を一人一人の子供に育成していくことが求められています（資料2）。

そのためにも、学びの過程において、実社会や実生活と関わりのあるリアリティのある真正の学びに主体的に取り組んだり、異なる多様な他者との対話を通じて考えを広めたり深めたりする学びを実現することが大切になります。

また、単に知識を記憶するだけにとどまらず、身に付けた資質・能力が様々な課題の対応に生かせることを実感できるような、学びの深まりも大切になってくるでしょう。

こうした「主体的・対話的で深い学び」を実現

資料2　育成を目指す資質・能力の３つの柱

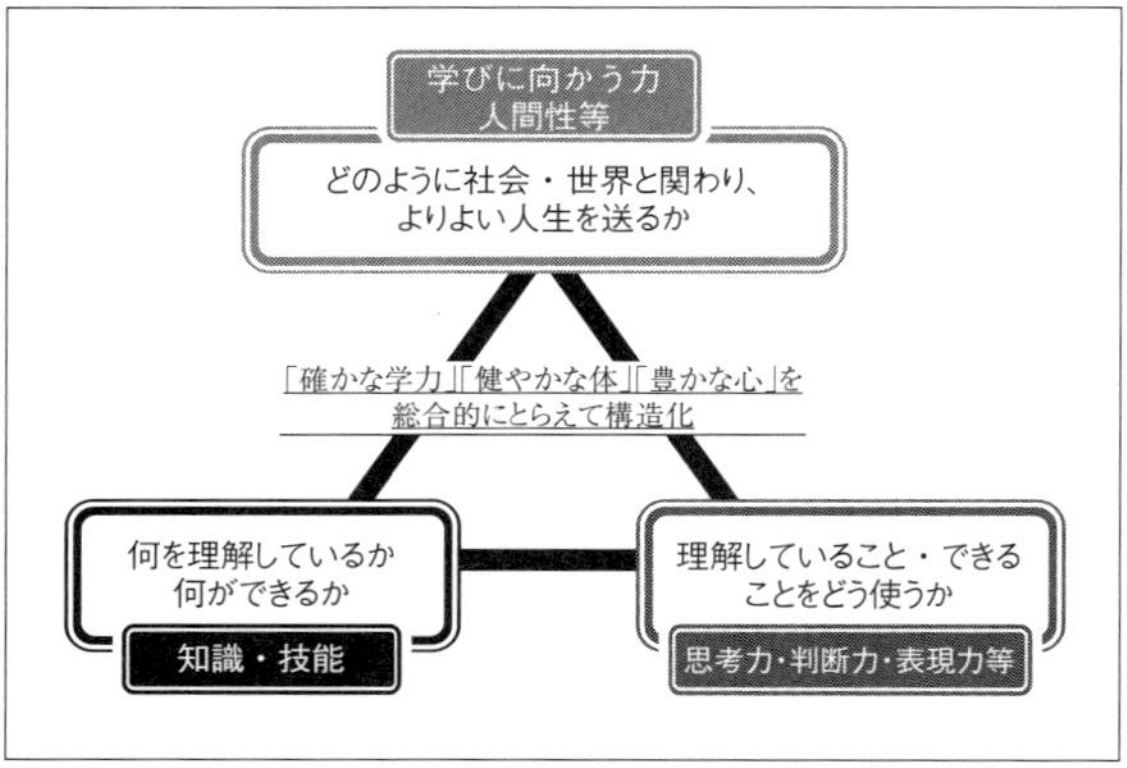

するためには、学習過程を質的に高めることが必要であり、そのために「アクティブ・ラーニング」の視点による授業改善が、以下のように求められているのです。

①学ぶことに興味や関心をもち、自己のキャリア形成の方向と関連付けながら、見通しをもって粘り強く取り組み、自己の学習活動を振り返って次につなげる**「主体的な学び」**が実現できているか。

②子供同士の協働、教職員や地域の人との対話、先哲の考え方を手がかりに考えること等を通じ、自己の考えを広げ深める**「対話的な学び」**が実現できているか。

③各教科等で身に付けた資質・能力によって支えられた、物事をとらえる視点や考える方法である**「見方・考え方」**を活用し、知識を相互に関連付けてより深く理解したり、情報を精査して考えを形成したり、問題を見いだして解決策を考えたり、思いや考えを基に構想して意味や価値を創造したりすることに向かう**「深い学び」**が実現できているか。

ここまで記してきたことを極めて端的に言うならば、**資質・能力の3つの柱を育成するためには、「主体的・対話的で深い学び」の実現が必要であり、そのために「アクティブ・ラーニング」の視点による授業改善が求められているる**ということになるのではないでしょうか。

「アクティブ・ラーニング」の視点による授業改善

「主体的・対話的で深い学び」を実現するためには、授業の改善が必要です。その際の視点が「アクティブ・ラーニング」の視点です（資料3）。ここでは、先に示した3つの学びに分けて、具体的なイメージを明らかにしていきたいと思います。

1　「主体的な学び」の姿を実現するイメージ

「主体的な学び」については、授業の導入における課題設定の場面と終末における振り返りの場面に注目にしたいと考えています。

子供は、実生活や実社会とつながりのある具体的な活動や体験を行うことによって、意欲的で前向きな姿勢となります。まずは、リアリティのあるクオリティの高い課題設定によって、プロセスとしての学習過程が学習者にとって充実することが欠かせません。したがって、**どのような課題を設定し、どのような課題をもつのかによって、いわゆるオーセンティックな文脈のある学び、つまり本気で、真剣で、つながりのある学びが生まれるかどうかが決まってくる**はずです。

加えて、学習活動の見通しを明らかにしたり、学習活動のゴールを鮮明に描いたりす

資料３　資質・能力と主体的・対話的で深い学び（「アクティブ・ラーニング」の視点）の関係（イメージ）

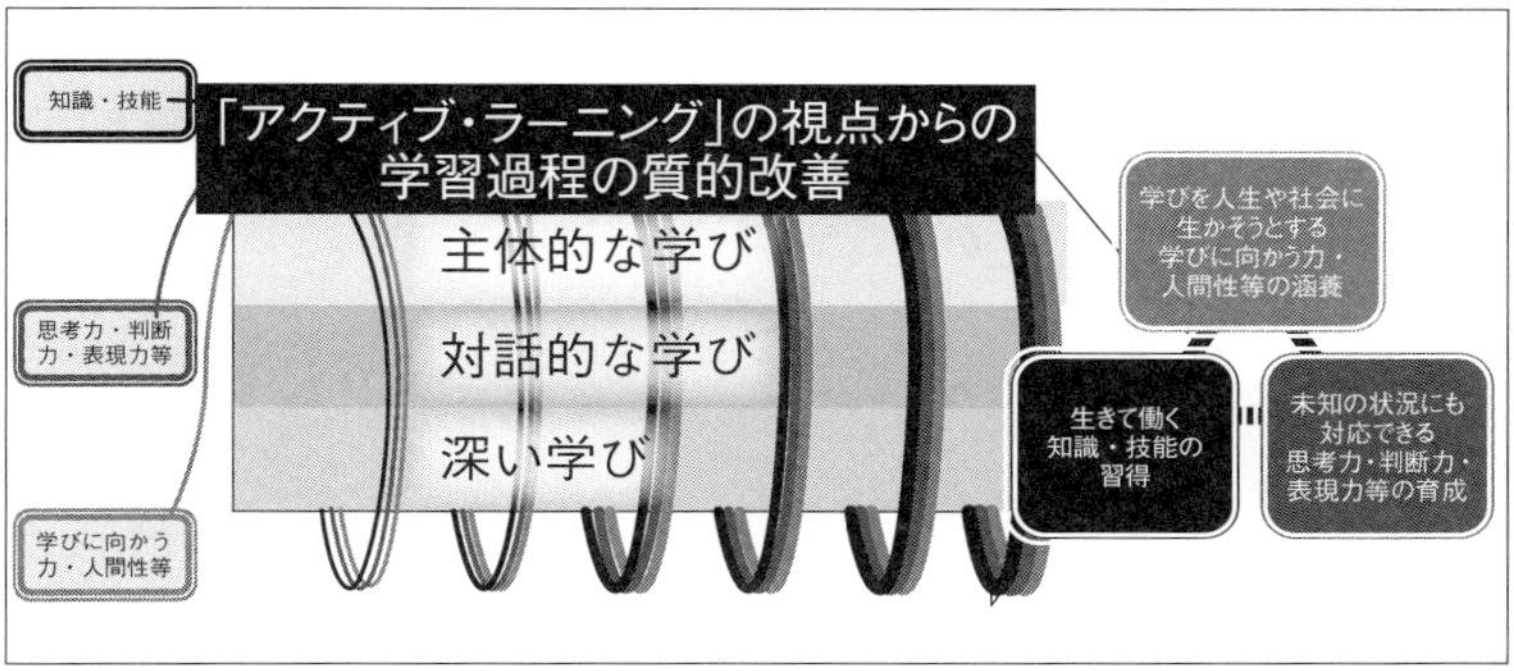

ることも大切となるでしょう。

実際の学習活動を展開していく際には、見通された先々やそこへの道筋があることにより、学習者は前向きになり、自ら学んでいくのではないかと思われます。併せて、見通しがあることによって、学びが連続し、情報としての知識や技能が関連付いていくことも期待できます。

振り返りは、自らの学びを意味付けたり、価値付けたりして自覚し、他者と共有したりしていくことにつながります。

振り返りの場面には大きく３つの意味があります。

①学習内容を確認する振り返り

②学習内容を現在や過去の学習内容と関係付けたり、一般化したりする振り返り

③学習内容を自らとつなげ自己変容を自覚する振り返り

内容の確認はもちろん大切ですが、内容を関係付けたり一般化したりすることで学びの価値を実感することができます。また、自己変容に気付くことは学びの手応えをつかむことでもあります。

実感や手応えなどのポジティブな感情は、次の行為を生み出す重要な感覚であり、そうした感覚や感情を感得することの繰り返しが、自ら学び続ける意志をもった子供の育成につながるはずです。具体的には、振り返りの意味を具現し、自ら学ぶ姿を実現するためにも、文字言語によって「刻む」表現をすることなどが考えられます。

2 「対話的な学び」の姿を実現するイメージ

「対話的な学び」については、異なる多様な他者との学び合いを重視することが大切になります。学習のプロセスを質的に高めていくとともに、他者と力を合わせた問題の解決や協働による新たなアイディアの創造が求められているからです。

多様な他者と対話することには、次の3つの価値が考えられます。

1つは、**他者への説明による情報としての知識や技能の構造化**です。子供は身に付けた知識や技能を使って相手に説明して話すことで、つながりのある構造化された情報へと変容させていきます。

2つは、**他者からの多様な情報収集**です。多様な情報が他者から供給されることで、構造化は質的に高まるものと考えられます。

3つは、**他者とともに新たな知を創造する場を生み出すとともに、課題解決に向けた行動化**も期待できそうです。

こうした「対話的な学び」を実現し、相互作用によって子供の学びが豊かになるためには、次の3つに配慮したいと思います。

1つは、**子供がどのような知識や情報をもっているか**です。

2つは、**そうした知識や情報をどのように処理するか**です。比べたり、関連付けたりして、子供は知識や情報を処理して新しい考えを生成していくのです。

3つは、**どのような成果物を期待しているか**です。相互作用によって生まれる考えを想定して、豊かに「広がる」対話の場面を構成することが大切になってきます。

実際の授業においては、情報の質と量、再構成の方法などに配慮した上で、具体的な学習活動や学習形態、学習環境として用意しなければなりません。

例えば、思考ツールなどは、まさに音声言語による対話的な学びを確かに実現していくものと期待できます。なぜなら、**情報が「可視化」され「操作化」されることで、自ら学び、共に学ぶ主体的で対話的な子供の姿が具現される**からです。授業改善の工夫によって、思考を広げ深め、新たな知を創造する子供の姿が生まれるものと考えられます。

3　「深い学び」の姿を実現するイメージ

「深い学び」については、これまで以上に学びのプロセスを意識することが求められます。問題を解決するプロセス、解釈し考えを形成するプロセス、構想し創造するプロセスなど、教科固有のプロセスをいっそう充実するようにしたいものです。なぜなら、学習のプロセスにおいては、それまでに学んだことや各教科等で身に付けた知識や技能を活用・発揮する学習場面を頻繁に生み出すものとして期待できるからです。

「深い学び」の実現のためには、身に付けた知識や技能を発揮したり、活用したりして関連付けることが大切になると考えられます。だからこそ、明確な課題意識をもった主体的で文脈的な学びで知識や技能のつながりを生むことが必要であり、情報としての知識や技能を対話によってつないで再構成する処理場面の活性化などが重要となるのではないでしょうか。

また、学習活動を振り返り、体験したことと収集した情報や既有の知識とを関連させ、自分の考えとして整理し意味付けたり、それを自覚したり共有したりすることも大切になるはずです。

このように考えてくると、「主体的な学び」「対話的な学び」が「深い学び」に大きく関与していることが理解できるのではないでしょうか。「主体的な学び」や「対話的な学び」は、それ自体が意味あり価値のあることです。それ自体を目指すことが大切です。しかし、それらが、「深い学び」の実現に向かうような確かな学びになっているかどうかが極めて重要になってくるのです。

「深い学び」と学習過程

先に示した3つの学びの姿は、個別バラバラではなく、一体となって現れる姿であることは、先のイメージからも明らかでしょう。また、どの視点も欠かすことのできない重要なものであり、それぞれが実現を目指すべき学びの姿と考えることが大切です。

しかしながら、「深い学び」については、「主体的な学び」「対話的な学び」に比べてわかりにくさがあるとの指摘もあります。そこで、「深い学び」についての検討をさらに進めていくこととします。

「深い学び」は、学習過程としてのプロセスが大切なポイントです。

例えば、生活科において資質・能力を育成する学習過程は、好奇心や探究心、対象への興味や親しみ、憧れなどからくる「やってみたい」「してみたい」「できるようになりたい」といった自分の思いや願いをもち、そのために具体的な活動や体験を行い、直接対象と関わる中で感じたり考えたりしたことを、表現したり行為したりしていく過程と考えることができます。

総合的な学習の時間では、「①課題の設定」→「②情報の収集」→「③整理・分析」→「④まとめ・表現」の探究の過程としてイメージすることができます。

これらの学習過程は、各教科等によっていくらか違いがあり、例えば、問題発見・解決の過程、解釈・形成の過程、構想・創造の過程などと整理することもできます。

「深い学び」とは、子供たちが習得・活用・探究を視野に入れた各教科等固有の学習過程の中で、それまでに身に付けていた資質・能力を存分に活用・発揮し、その結果、資質・能力が様々に関連付いたり、組み合わさったりして構造化されていくことと考えることができます。その結果、より深く理解することに至り、異なる状況でも活用できるものとなり、安定的で持続的なものとして資質・能力は確かになっていきます。

具体的には、次のような姿をイメージすることができます（ルビ点は筆者）。

町探検で図書館に出かけた子供は、「としょかんは、とってもしずかでした。あさいっても、おひるにいっても、おやすみのひにいってもしずかでした。いつもしずかにほんをよむところです。としょかんにいったときは、わたしもしずかにほんをよみたいとおもいます」と話し、施設の共通点や差違に気付いたり、時間経過の中での変化や変わらないことを発見したりしていった。その結果、公共施設の機能や自分自身の行為に関心を向ける姿が生まれてきた。

（小学校・生活科）

平和について探究的に学んできた子供は、平和劇にして多くの人に伝えていかなければならないと考えるようになった。劇中で語る台詞「あなたは一人じゃない、あなたの後には、未来をたくした人がいる」について次のような話合いが展開された。

A児「お母さんに守られていて無傷だった。お母さんが子どもに未来を託したんだと思う」

B児「私は、亡くなった人の思いがあると思う。自分のぶんまで生きてほしいと願っていると思う」

C児「くじけても助けてくれる明日への言葉って感じがするよ」

D児「戦争が二度と起きてはほしくないって感じがするな」

すると、ここで再びA児が語りはじめた。

A児「原爆直後に亡くなった人もいる。放射能で亡くなった人もいる。戦争が二度と起きないように、そうした多くの人の思いが、明日の未来に向けて僕たちに託されているんじゃないかな」

A児の発言は、B児とC児とD児の発言を受け、平和に対するA児の考えを再構造化した姿と考えることができる。

（小学校・総合的な学習の時間）

エネルギーの変換効率を学ぶ中で、重さや高さを変えても変換効率が変わらないことを実験した子供が、「重りが2倍だから、最初のエネルギーも2倍。音や熱などもきっと2倍になっている。きっと、変換効率は変わらないはず。電気エネルギーだけではなくて、音エネルギーや熱エネルギーも大きくなった。全てをひっくるめて考えるといいことがわかった。一方が2倍、3倍になるともう一方も2倍、3倍になる。これまでの理科や数学の学習と関係がある。オームの法則とか、天秤とか…」

この生徒が最後に語った。

「理科の概念がわかった」

おそらく、こうした学びを通して、どの場面でも活用できる資質・能力が身に付いていく。

（中学校・理科）

理科や社会科の授業では、事実的な知識を関連付けて、概念的な知識を獲得する姿をイメージすることができます。

図画工作科や体育科の授業では、技能を一連の連動したものとしてつなぎ合わせて確かなものにしたり、イメージや行為とつなぎ合わせて他の作品や他の動きの創造に活用したりする姿をイメージすることもできます。

子供は、教科等固有の学習過程を通して対象に関わりながら、比較したり、分類したりなどして、対象を解釈し把握します。その結果として、とらえ、取り出した情報について は、関連付けたり、多面的に考えたり、複眼的に思考したりなどして整理し分析します。さらには、情報を統合したり、構造化したりなどして、新たな考えや活動を創り出していきます。

そうした過程を通して、各教科等の資質・能力を繰り返し活用・発揮し、関連付けたり組み合わせたりしていくのではないでしょうか。

活用・発揮することと「深い学び」

「深い学び」とは、資質・能力が関連付いたり、組み合わさったりしてつながりをもつこととイメージしてきました。その際の重要なポイントは、資質・能力の活用・発揮と考えてきました。

例えば、「知識・技能」は、活用・発揮することで他の知識・技能などとつながり、ネットワーク化され、生きて働く状況となります。そこでは、「知識・技能」が関連付いて概念化され、連動して一体化され、「しっかり」したものとなるとイメージすることができます。また、身体や体験などとつながり一つ一つが「はっきり」します。あるいは、多様な視点からとらえ直され、「くっきり」するなどの好ましい獲得の状況が考えられるのだと思います。

「思考力・判断力・表現力等」は、活用・発揮することで、実際の活用場面などとつながり、いつでもどこでも自在に使える、汎用性の高い、未知の場面でも対応できる資質・能力として育成されると考えることができます。

さらには、「学びに向かう力・人間性等」は、学びの意義を実感し、心地よい手応えのある感覚とつながり、人生や社会に生かせる安定的で持続的な資質・能力となることが期待できるように思うのです。

「カリキュラム・マネジメント」の充実

社会で活用できる資質・能力、社会で求められる資質・能力を育成していくためには、「アクティブ・ラーニング」の視点による授業改善とともに、「カリキュラム・マネジメント」の充実が重要です。

なぜなら、「主体的・対話的で深い学び」を単位時間において実現するには、その1時間がどのような単元に位置付いているかという単元構成を抜きにして考えることは到底できないからです。

また、その単元は、どのような年間の位置付けになっているかという年間指導計画を知らずして考えることもむずかしいはずです。さらには、そうした1時間の授業や単元構成、年間指導計画が、すべての教科等においてどのように配列され構成されているかを俯瞰することなく語ることもできないのではないでしょうか。

もちろん、そうしたカリキュラムが、どのような教育目標を受けているかを考えることは当然であり、いかにカリキュラムをデザインしていくかが問われており、そのことが「主体的・対話的で深い学び」を実現することに大きくつながるものと自覚しなければなりません。

その点から考えるならば、中央教育審議会で議論を繰り返してきた以下の「カリキュラム・マネジメント」の3つの側面の中でも、特に、1番目の記述に注目することが大切になるのではないでしょうか。

①**【カリキュラム・デザインの側面】**各教科等の教育内容を相互の関係で捉え、学校教育目標を踏まえた**教科等横断的な視点**で、その目標の達成に必要な教育の内容を組織的に配列していくこと。

②**【PDCAサイクルの側面】**教育内容の質の向上に向けて、子供たちの姿や地域の現状等に関する調査や各種データ等に基づき、教育課程を編成し、実施し、評価して改善を図る一連のPDCAサイクルを確立すること。

③**【内外リソース活用の側面】**教育内容と、教育活動に必要な人的・物的資源を、地域等の外部の資源も含めて活用しながら効果的に組み合わせること。

もちろん、②のPDCAサイクル、③の内外のリソースの活用も重要ではあるものの、取組のきっかけを、①の「カリキュラム・デザイン」にすべきではないかと、私は考えています。

「カリキュラム・デザイン」の3つの階層

ここからは、「カリキュラム・マネジメント」の3つの側面のうち、教育内容を組織的に配列し編成する「カリキュラム・デザイン」について記していきます。カリキュラムをデザインする際には、大きく次の3つの階層が考えられます。

①教育目標を踏まえ、つなぐグランド・デザイン（全体計画）
②全単元を俯瞰し、関連付ける単元配列表
③学びの文脈を大切にした単元計画

もちろん、①〜③の先に具体的な授業のデザインがあるわけです。

それでは、ここからは、それぞれの階層について具体的にイメージしていくこととしましょう（資料4）。

1 ［全体計画］教育目標を踏まえ、つなぐグランド・デザイン

まずは、学校の教育活動全体を視野に入れ、カリキュラムを描くことが必要になりま

資料4　カリキュラム・デザインの全体イメージ

カリキュラム・マネジメントの3つの側面

01　カリキュラム・デザイン

各教科等の教育内容を相互の関係で捉え、学校教育目標を踏まえた教科等横断的な視点で、目標の達成に必要な教育の内容を組織的に配列する

02　PDCAサイクル

教育内容の質の向上に向けて、子供たちの姿や地域の現状等に関する調査や各種データ等に基づき、教育課程を編成・実施・評価して改善する

03　内外リソースの活用

教育内容と、教育活動に必要な人的・物的資源を、地域等の外部の資源も含めて活用しながら効果的に組み合わせる

カリキュラム・デザインの3つの階層

全体計画の作成

教育目標を踏まえ、つなぐ、グランドデザインを描く

単元配列表の作成

全単元が1年間でどのように実施されるのかを俯瞰し関連付ける

単元計画の作成

学びの文脈を大切にした単元を計画する

具体的な「授業デザイン」へ

す。

そこでは、子供の実態、学校や地域の特性、保護者や地域の願いなどを明らかにした上で、どのような子供の育成を目指すのかを明らかにし、教育目標を鮮明にする必要があります。

多くの学校の教育目標は抽象的であったり、複合的であったりすることが多いようです。そこで、各学校が定めている教育目標を具体的で分析的な育成を目指す資質・能力として描き直すことが大切になってきます。

こうして明らかにした資質・能力の育成に向けて、どのような教育活動を、どのような教育資源を利活用しながら、どのように実施していくのか。そして、それをどのように評価・改善していくのかをグランド・デザイン（全体計画）として明らかにしたいものです。

2 【単元配列表】全単元を俯瞰し、関連付ける

次に、各教科等で行われる一つ一つの単元が、1年間でどのように実施されるのかを俯瞰する単元配列表を作成することが考えられます。

1人の子供の学びは、個別の教科内で閉じるものではなく、それぞれの学びが相互に関連付き、つながり合っているはずです。子供は、国語科も算数科も、音楽科も体育科

も、総合的な学習の時間も学んでいくのです。そうした1人の子供の中で、学んだことがどのように関連付いていくのかを意識する上でも、1年間のすべての単元を配列し、それを俯瞰することのできる単元配列表の作成は、極めて重要なカリキュラム・デザインの作業となります。

例えば、理科の授業で算数科の統計に関する学習が有効に働くことは多いのではないでしょうか。国語科で学んだ話合いの方法を使って社会問題を議論することも考えられます。総合的な学習の時間には多様なテキスト情報から必要な情報を取り出すことも、様々な方法で情報収集することも、相手や目的に応じて表現することも頻繁に行われるはずです。

そうした学びこそが、資質・能力の活用・発揮の場面であり、「深い学び」を実現することになると考えられます。こうした学習の場面では、学び手である子供の主体性も存分に発揮されるものと想像することができます。

各教科等の各単元が、どのように配列されることが子供の学びにとって望ましいのか。それぞれの単元で「育成を目指す資質・能力」を踏まえて、どの時期に実施するのか、どのような関連が考えられるのかを視野に入れた単元配列表をデザインすることが求められるのではないでしょうか。

3 【単元計画】学びの文脈を大切にする

単元とは、ＵＮＩＴのことであり、一連の問題解決のまとまりを意味します。「主体的・対話的で深い学び」を実現しようとすれば、単位時間の授業のみならず、単元がいかにつながりのある連続したプロセスとして具体化しているかが大切になるはずです。それは、問題解決のプロセスであり、解釈し形成するプロセスであり、構想し創造するプロセスでもあります。

子供の学びのプロセスを意識して構成された単元では、学び手の子供は主体的になり、そこでは他者との学び合いも生まれ、学びの連続によって「深い学び」も実現できるものと考えることができます。

そのためにも、子供の興味・関心と教師の願いとを丁寧に擦り合わせ、そこに生まれる教材や学習対象、学習活動を用意することが欠かせないと考えています。

実践につながる単元配列表と単元計画表の作成

カリキュラムのデザインの中でも、単元配列表と単元計画表を作成することが、学級担任などの最前線で実践する立場の人にとっては大切な仕事となります。**カリキュラム・マネジメントは、学校の管理職などの一部の人が行うことではない**のです。

1　単元配列表の作成

これまでは、各教科等ごとの年間指導計画を作成するだけで済ませている傾向がありました。

各教科等における学習内容、学習時間、学習順序、学習時期などが明記された年間指導計画はもちろん大切です。しかし、各教科等で学ぶ内容や各教科等で育成される資質・能力、そこで行われる学習活動が、それぞれにどのような関係になっているかを丁寧に整理していなかった傾向があります。

その結果、各教科等での学びが相互に関連付いたり、連動したりすることが実現しにくい傾向にありました。**「主体的・対話的で深い学び」の実現には、各教科等の学びがつながることが大切**です。やはり単元配列表の作成が重要なのです。

一般的には、時間軸に沿って単元を配列し、1年間の学習活動の概要を明示したものが年間指導計画です。一方、そうした各教科等の年間指導計画を一体化させ、1年間の学習活動の全体を概観し俯瞰できるようにしたものが単元配列表です（資料5）。

まずは、年間指導計画作成上の配慮事項から確認していきましょう。

A　年間指導計画作成上の配慮事項

①子供の実態・学習経験を配慮すること

子供たちのそれまでの学習経験、既習内容、そうした学習から身に付いた資質・能力

資料５　単元配列表を作成するイメージ

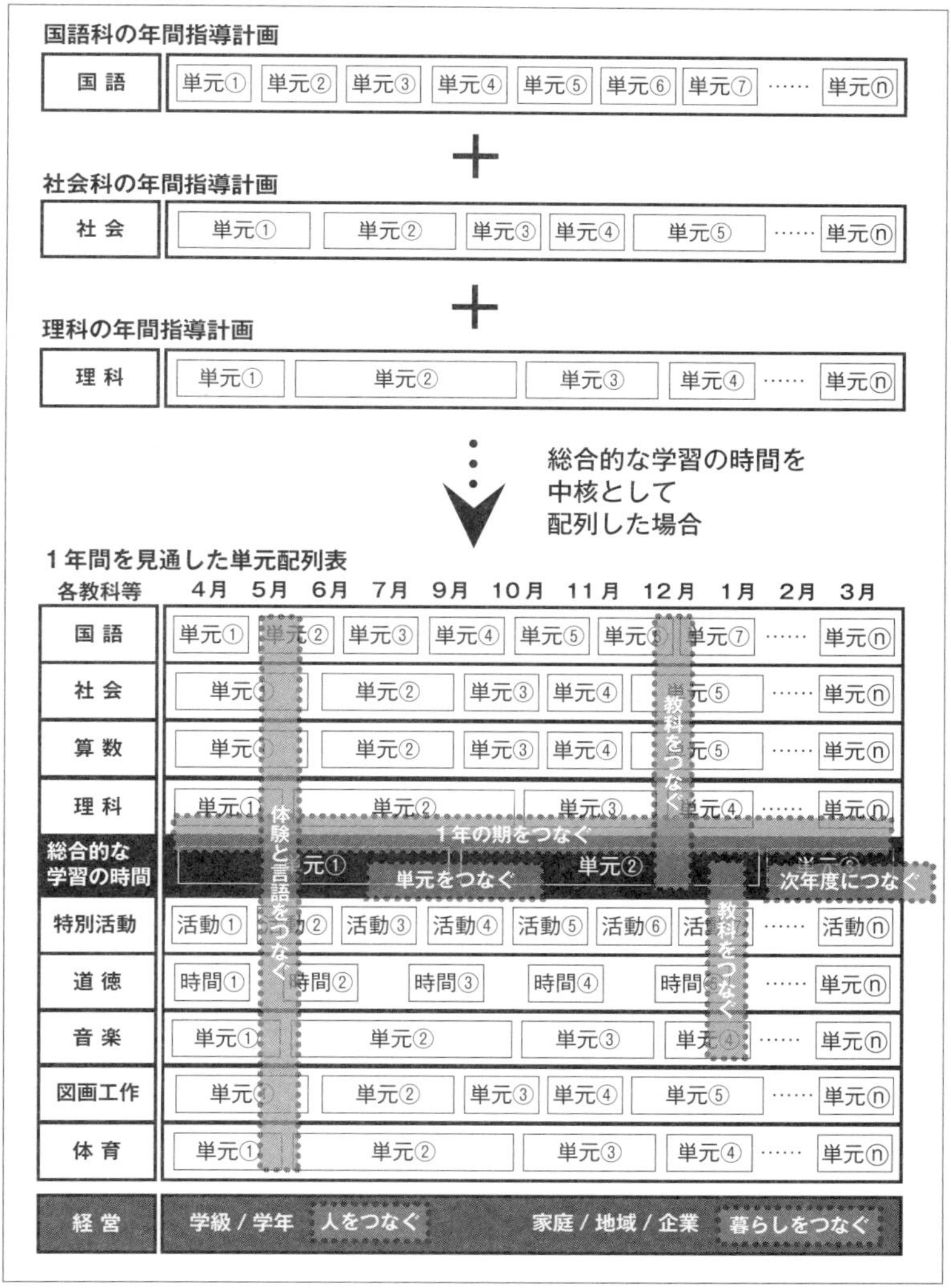

について、具体的な事実やデータに基づいて事前に把握することが欠かせません。もちろん、学習指導要領で規定された資質・能力が育成されていることが期待されるわけですが、どのように身に付いているのか、どの子供にも身に付いているのか、等についての検討が必要です。

②単元の実施順序に配慮すること

それぞれの単元で扱う学習内容は、およそ子供の発達に合わせて用意されています。それを1年間でどのように学ぶかは、個別の単元の並び方に関わってきます。単元の順序性については、教科書等を参考にすることになりますが、「平易→難易」「単純→複雑」「基礎→応用」「限定→拡大」などの視点でオリジナルな並び方に調整することも考えられます。

③単元の実施時期に配慮すること

年間指導計画は、1年間を視野に入れた計画です。1年は、季節が底流に流れ、そこには様々な行事なども行われます。自然は豊かに移り変わり、社会生活も多様に変化していきます。子供の学びは、そうした日常の暮らしと大きく関わっています。子供の身の回りの環境の変化を視野に入れ、適切に配列することが考えられます。

B　単元配列表作成上の配慮事項

単元配列表は、年間指導計画上に存在する各教科等の各単元を、学び手である子供を中心に据えて、効率的かつ有効な学びになるよう配列し直す仕事です。そこでは、何を視点に配列するのか、どのような視点で配列するのかがポイントとなります。

①何を視点に単元を配列するのか

最大のポイントは、「育成を目指す資質・能力」をもとにして配列を考えなければなりません。各教科等で育成される資質・能力がどのようにつながり、関連付いていくのかを想定して配列を行うことになるわけです。その際、「育成を目指す資質・能力」の3つの柱のそれぞれによって、いくつかの心がけるべき点がありそうです。

「知識・技能」については、実際に行う学習活動やそこで扱う学習対象に関係しています。各教科等で行われる学習活動や学習対象には、どのような共通点があるのかを明らかにし、関連付けについて細かく検討することが考えられます。

例えば、社会科で扱う持続可能な社会の構築に関わる社会的事象に関する知識は、理科においても同じように自然事象で扱われるのではないでしょうか。この両者がつながり、関連付くように実施時期を考え単元が配列されていれば、持続可能な社会の構築に関する豊かな概念の形成が期待できます。

「思考力・判断力・表現力等」については、学習対象や学習活動によって現れ方が変わることが考えられます。

例えば、「比較して考える」とする思考力についても、扱う対象の種類や数、学習活動の複雑さで発揮のされ方が異なります。それぞれの学習活動において発揮される「思考力・判断力・表現力等」の中核となる部分を明らかにし、その共通点を探り出し、緩やかな関連付けを意識して配列することが考えられます。

「学びに向かう力・人間性等」については、さらに大局的で、全体的な視点で関連付けることを意識しなければなりません。態度化されるには、およそ一定程度の時間が必要です。しかも、各教科等で育成を目指す「学びに向かう力・人間性等」は、各教科等において共通部分が多いはずです。むしろ、そうした資質・能力は、各教科等の有機的な関連によって、教育課程全体で具現していくものと考えるべきでしょう。

②どのような視点で単元を配列するのか

①で明らかになった共通点を関連付けるとともに、実際の子供の姿や実現可能性を視野に入れて単元を配列していくことになります。その際には、どちらの単元を先に行うかといった順序性の問題が生まれてきます。おそらく、先に行われた単元で身に付いた資質・能力が、後から実施される単元において活用・発揮されると考えることができます。場合によっては、ほぼ同時に行われることも考えられます。

この活用・発揮することによって、「育成を目指す資質・能力」はよりいっそう確かになるものと考えることができます。関連のさせ方についても、先に示した3つの柱の例を参考に検討していくことが考えられます。一つ一つの知識・技能の関連、を意識、する、イメージと緩やかなつながりとするイメージです。

③そのほかに配慮すべきこと

単元配列表において資質・能力の関連付けを実現するには、「何を」「どのように」配列するかを考えることが大切であることを記してきました。そのほかにも、単元配列表を作成する際に心がけることを押さえておきたいと思います。

1つは、見通しをもった計画にすることです。実施時期の適切さ、時数の配当の過不足などについて十分な目配りが必要です。

2つは、弾力的な運用ができる柔軟な計画にすることです。実際の学習活動では、ハプニングが起きたり、子供の関心が生じなかったり、予想を超えた事態が起きたりすることがあります。いつでも学び手を中心に考えながら、柔軟な対応ができるようにしておくことも大切です。

3つは、教育資源の有効な利活用を計画することです。多くの人的環境、様々な社会施設や団体などを有効に活用し、学びの質を高めることが考えられます。その際には、異校種などとの交流も考えることができます。

2　生活科や総合的な学習の時間との関連を重視する単元配列表

生活科や総合的な学習の時間と各教科等との関連を図ることは特に重要です。そこで、生活科や総合的な学習の時間を中核とした単元配列表を作成し、それぞれとの関連を意識した計画を作成することについて考えていきたいと思います。

生活科や総合的な学習の時間と各教科等とを関連付けることで、各教科等で別々に身に付けた知識・技能をつながりのあるものとして組織化し直し、改めて現実の生活に関わる学習活動において活用することが期待できます。また、そのことが、確かな知識や技能の習得にもつながるのです。一方、生活科や総合的な学習の時間での学習活動やその成果が、各教科等の学習の動機付けや実感的な理解につながるなどのよさも考えられそうです。

このように**生活科や総合的な学習の時間と各教科等とは、互いに補い合い、支え合う関係にあり、教育課程全体の中で相乗効果を発揮**していきます。したがって、私たちは、各教科等で身に付ける資質・能力を十分に把握し、生活科や総合的な学習の時間との関連を図った年間指導計画、単元配列表を作成することが極めて大切なのです。

A　各教科等の学習を総合的な学習の時間に生かす

各教科等で身に付けた資質・能力を適切に活用・発揮して、総合的な学習の時間における探究活動を充実させていく関連の仕方が考えられます。子供が自ら課題を設定し、その課題の解決に向けて情報を収集し、集めた情報を整理したり分析したりして自分の考えとしてまとめ、表現していく中において、子供は各教科等の資質・能力を主体的に繰り返し活用していく姿です。

例えば、社会科の資料活用の方法を生かして情報を収集したり、算数科の統計の手法でデータを整理したり、国語科で学習した表現手法を使ってわかりやすいレポートを作成したりすることなどが考えられます。また、理科で学んだ生物と環境の学習を生かして、地域に生息する生き物の生育環境を考えることなども考えられます。

このように、各教科等で学んだことを総合的な学習の時間に生かすことで、子供の学習はいっそう深まりと広がりを見せることが期待できます。

B 総合的な学習の時間を各教科等に生かす

総合的な学習の時間で行われた学習活動によって、各教科等での学習のきっかけが生まれ、意欲的に学習をはじめるようになったり、各教科等で学習していることの意味やよさが実感されるようになったりすることも考えられます。また、総合的な学習の時間で行った体験活動を生かして国語科の時間に依頼状やお礼状を書くなど、総合的な学習の時間での体験活動が各教科等における学習対象となることも考えられます。

例えば、総合的な学習の時間で食や健康に関心をもった子供は、家庭科における栄養を考えた食事や快適な住まい方の学習に前向きに取り組む姿が想像できます。また、体育科における保健の学習でも総合的な学習の時間で学んだ成果を生かして、深まりと広がりを見せることが期待できるのではないでしょうか。

C　生活科を中核にしたスタートカリキュラム

先に記した「A」「B」は、総合的な学習の時間のみならず、生活科においても同様の関連が考えれます。とりわけ低学年では、入学直後のスタートカリキュラムにおいて、カリキュラムを生活科を中心にデザインすることが考えられます。

スタートカリキュラムをデザインする際に、特に心がけなければならないことが２つあります。

１つは、幼児教育との接続です。幼児教育の終わりまでに育ってほしい10の姿を存分に発揮することができるようなカリキュラムとして整備することです。

もう１つは、学びの自覚を促すことです。幼児期においては、遊びを中心とした活動において無自覚に学んでいた子供が、自らの学びを自覚する時期に入ってきます。そうした子供の成長を促進することです。

そのためにも、合科的・関連的な指導が実現できるようなカリキュラムをデザインすることが考えられます。それと同時に、柔軟な時間設定や１日の流れを意識した学習活動のデザインなども大切です。

3　単元を構想し、単元計画を作成する

単元を構想し、単元計画としてデザインするには、次の手順が考えられます（資料６）。

ア　発想の段階

単元のイメージを明らかにするためには、およそ3つの段階で行うとよいと考えています。

第1段階は、発想する段階です。

およその単元の概要を思い描くことが必要となります。このときに考えなければならない要素として次の3つが考えられます。1つは子供の興味・関心、2つは教師の願い、3つは学習活動や教材です。

まずは、目の前の

資料6　単元計画としてデザインする手順

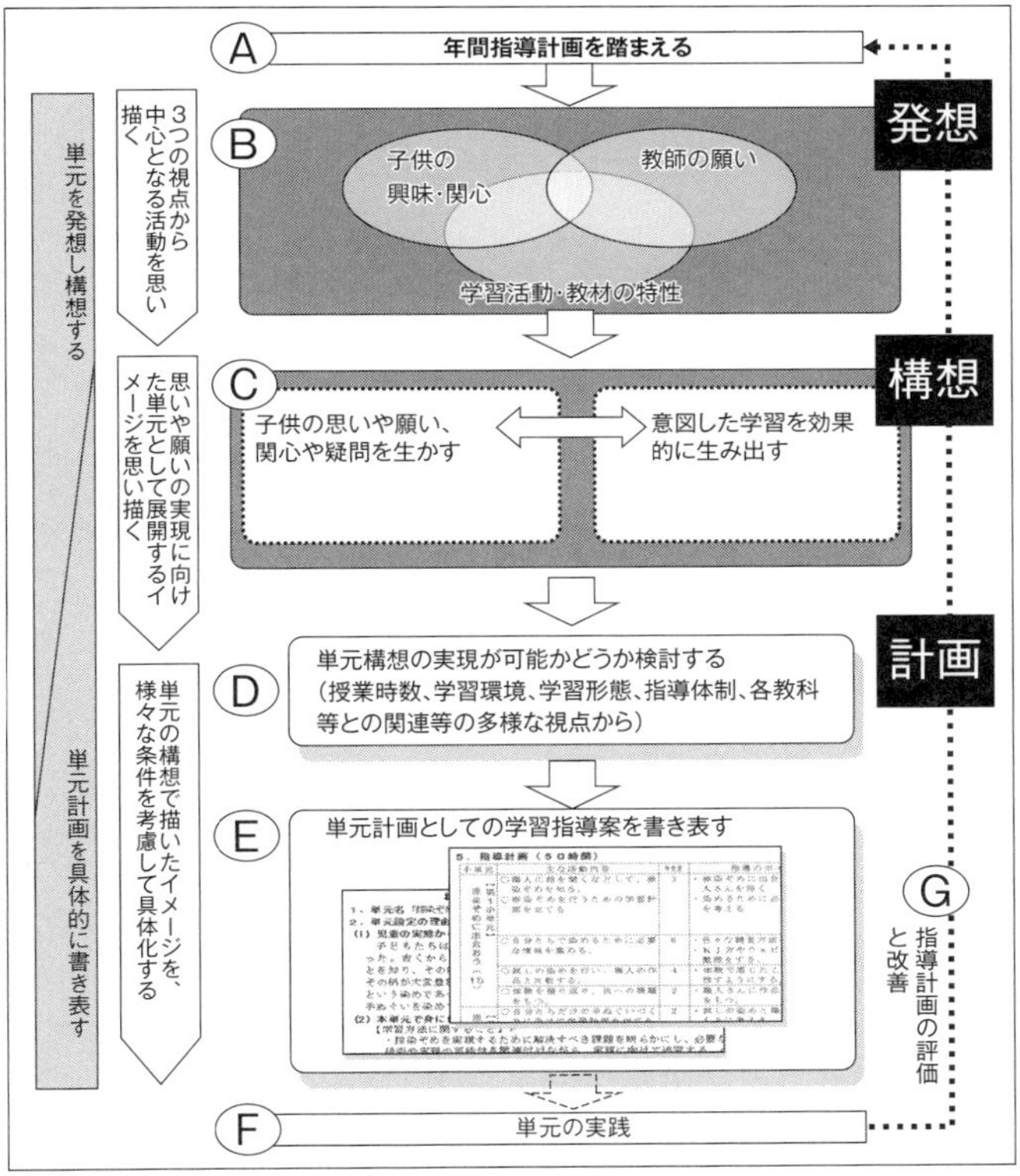

子供たちにはどのような実態があるのか、どのようなことに興味や関心があり、どのような学習を志向しているかなどを明らかにしたいものです。この両者の間に単元の中心的な学習活動や学習材（教材）がはっきりとしてくることとなるはずです。

イ　構想の段階

第2段階は、構想する段階です。

ここでポイントとなるのが、子供の思いや願い、関心や疑問を生かす子供中心の単元とするか、意図した学習を効果的に生み出す教師中心の単元とするかです。ここで**教師の願いが優先される学習が、いわゆる「教材に基づく単元」**と呼ばれ、**子供の興味・関心が優先される学習が、いわゆる「経験に基づく単元」**と呼ばれます。教材に基づくのか、経験に基づくのかは二者択一の問題ではありません。いかに両者のバランスや調和を図るかにあるのです。この両者のバランスは各教科等の特性や単元の特性によって比重や割合が変わってくるものと考えるべきでしょう。

例えば、生活科の栽培単元なら子供の興味や関心を生かして栽培する作物を選ぶことが考えられるでしょう。とはいえ、子供の育てたい作物を好き勝手に選ばせて期待する学習が展開されるとも限りません。

1年生になって、はじめて1人で栽培活動を行うとすれば、発芽から開花、種取りまでが安定的に行われ、成長の様子も楽しめるアサガオを選択することが考えられます。

このとき、指導者の教師はアサガオに強く興味・関心を抱くような工夫をするはずです。それが、上級生の2年生からアサガオの種をプレゼントしてもらうことだったり、アサガオの絵本を一緒に読むことだったりするのです。

そういう活動を行うことで、そもそも抱いていた栽培への期待が、アサガオの栽培への期待へと大きく膨らんでいくのでしょう。こうして、単元で行う中心的な学習活動や中心的な使う学習材（教材）が明らかになっていくはずです。

一方、2年生の算数科のかけ算の単元を考えてみましょう。教師は、子供が興味・関心を高めるようにイチゴを用意したり卵パックで学習活動を行うなど、暮らしとの関係を強調して学習活動を行うようにすることが考えられます。

しかし、子供が出合うかけ算九九は、やはり五の段からはじまり、次いで二の段へと進めていくことになることが多いでしょう。それは、学習内容としてのかけ算の特性がそこにあり、その点においては教師の願いとしての学習内容が優先するのです。

このように考えてみると、**生活科の栽培単元も、算数科のかけ算の単元も、子供の興味・関心と教師の願いを視野に入れ、その両者の間に学ぶべき内容が実現しやすくなる学習活動や学習材（教材）が生成する**こととなります。教科の特性や単元の特性に応じて、子供の興味・関心に比重が置かれる場合もあれば、教師の願いに重きが置かれることもあるのです。

ウ　計画の段階

第3段階は、計画する段階です。

アの「発想の段階」で生まれてきた様々な学習活動を、一連の問題解決の流れと子供のスムーズな意識の流れに沿った展開として整えることになります。この段階では、具体的な単元計画として実現可能かどうかを幅広く検討していくことが求められます。

例えば、授業時数、学習環境、学習形態、指導体制、各教科等との関連などを視野に入れて指導計画を立案していきます。このときに、最も意識しなければならないのが一連の問題解決のまとまりとして学習活動が単元化されているかにあります。

この単元イメージを明らかにすることについて、生活科と総合的な学習の時間

資料7　生活科の単元イメージ

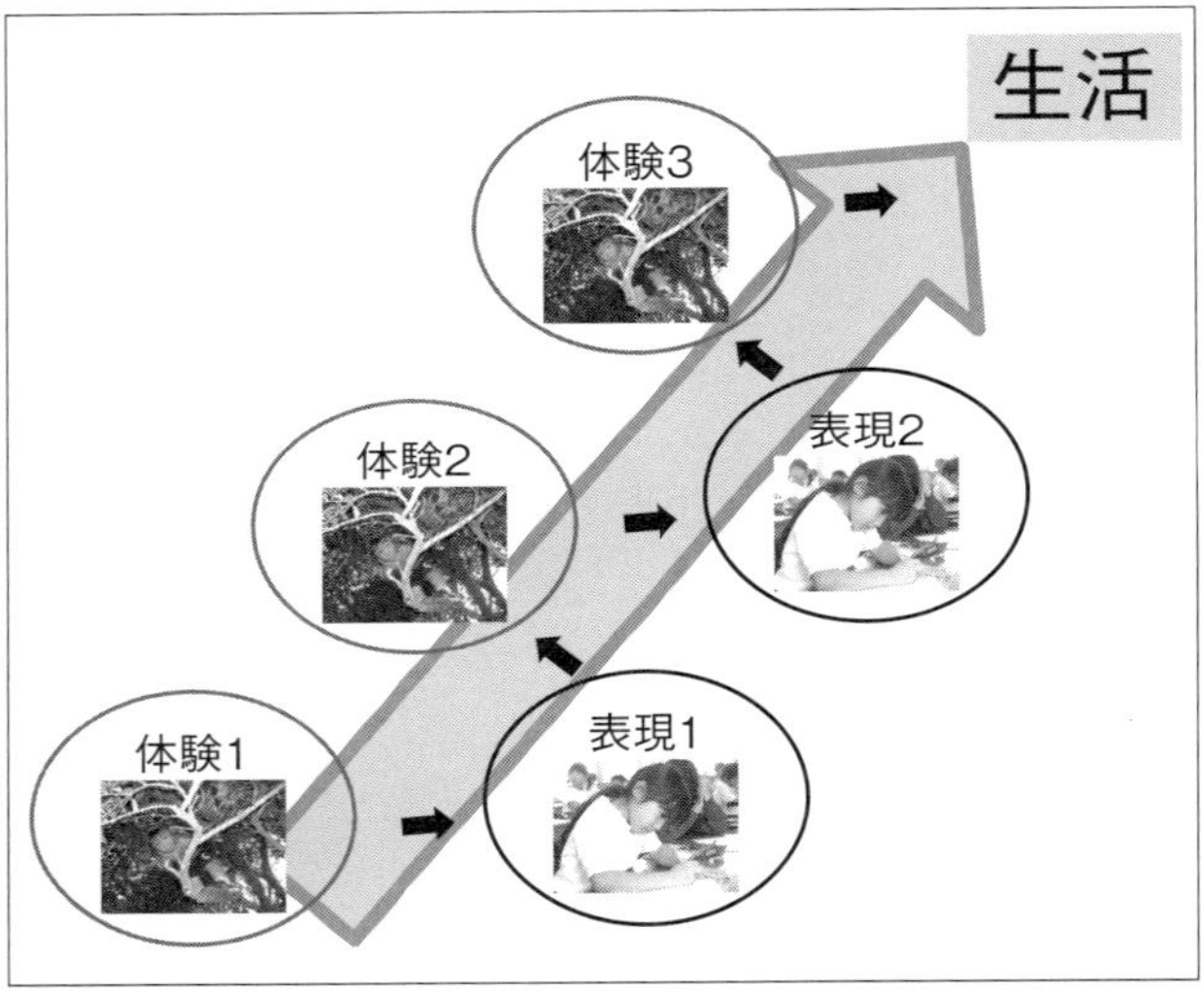

を例にして考えてみよう。

生活科で単元をイメージする際には、**資料7**を参考にしたいと思います。

生活科では、体験活動が質的に高まっていくことを期待します。しかし、ただ単に活動や体験を繰り返していれば高まっていくわけではありません。そこで、話し合いや交流、伝え合いや発表などの表現活動が、単元に適切に位置付けられることが大切になってくるわけです。この体験活動と表現活動のインタラクション（相互作用）が学習活動を質的に高めていくのです。

例えば、1回目の町探検に行き、そのことを教室で発表し合いながら情報交換します。すると、子供は「ぼくの知らないことがいっぱいあるんだなあ。また、町探検にいきたいな」と、2回目の町探検がはじまります。2回目の町探検の後、教室で地図を使って町のすてき発見を紹介し合ってい

資料８　総合的な学習の時間の単元イメージ

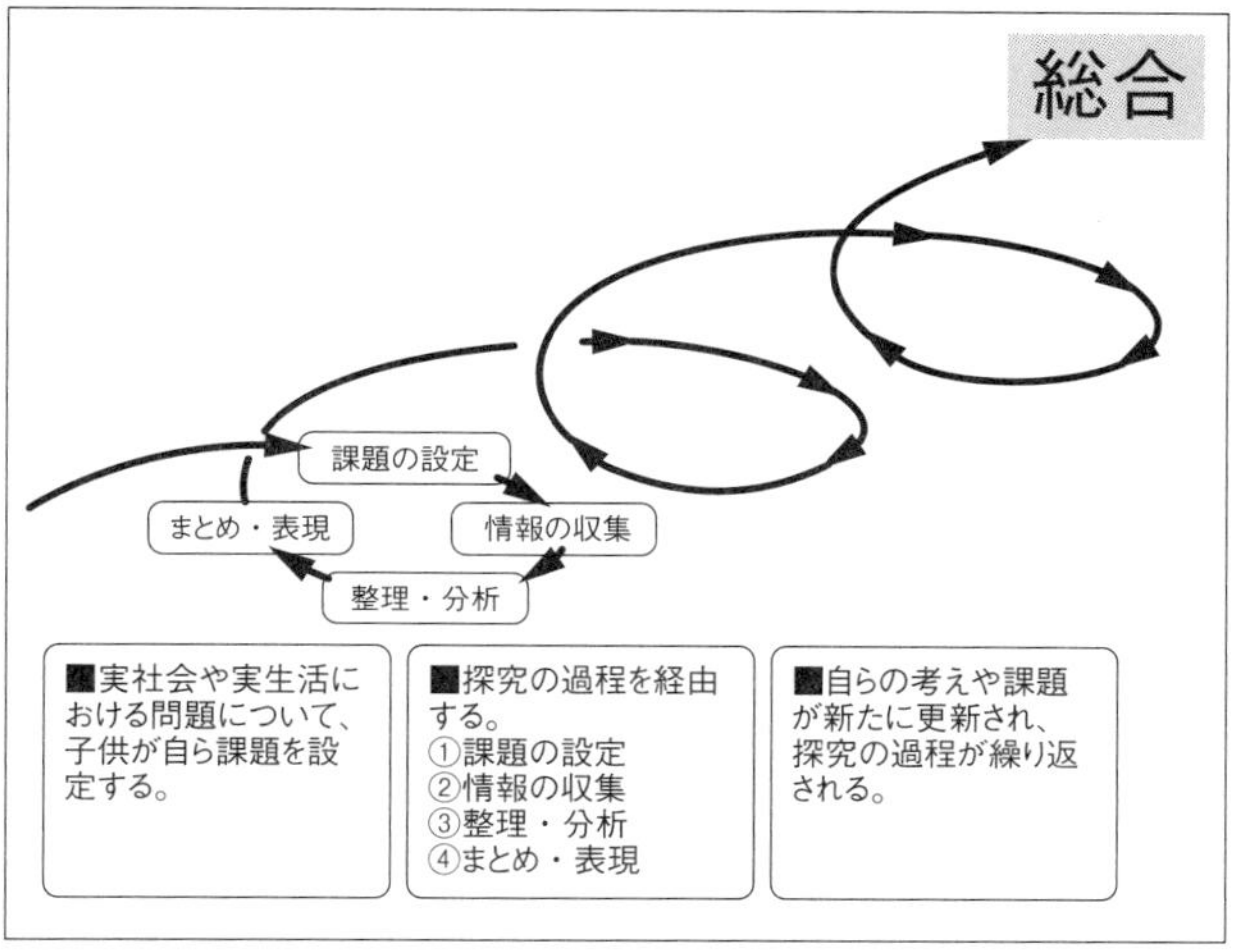

ると「ぼくたちの町って、すてきな人がいっぱいいるんだな。もっと、お話が聞きたいな」と、インタビュー探検がはじまります。

このように、生活科では、体験活動と表現活動とを相互に繰り返しながら思いや願いを実現していくプロセスこそが、学習活動の質的な高まりを実現していくのです。

総合的な学習の時間については、**資料8**を参考にしたいと思います。「①課題の設定」→「②情報の収集」→「③整理・分析」→「④まとめ・表現」といったプロセスが繰り返し発展的に行われることをイメージしてほしいと考えています。

生活科にせよ、総合的な学習の時間にせよ、どちらも子供の思いや願いの実現に向けたプロセスとなること、課題の解決に向けた探究のプロセスとなることがポイントとなるのです。

カリキュラムをデザインし、マネジメントすることは「つなぐ」こと

「カリキュラム・マネジメント」の充実に向けて、３つの側面を意識し具現していくには、先に示した「カリキュラム・デザイン」から取りかかり、切り込んでいくことが考えられます。

なぜなら、ここまで記してきたように、「カリキュラム・デザイン」に取り組むことは、結果的には「カリキュラム・マネジメント」に記しているPDCAサイクル、内外のリソースの活用にもつながります。しかも、「カリキュラム・デザイン」は日々の授業につながる、実践者にとっての重大な関心事でもあるからです。

「カリキュラム・マネジメント」にせよ、「カリキュラム・デザイン」にせよ、重要なポイントは「つなぐ」ことにあります。**カリキュラムを豊かに描き出したり、適切かつ効率的に管理したりしていくことによって、具体的には次のような「つなぐ」ことが生まれてくる**のではないかと考えています。

[Mission A] 体験と言語を「つなぐ」
[Mission B] 単元を「つなぐ」
[Mission C] 教科を「つなぐ」
[Mission D] 暮らしと「つなぐ」
[Mission E] 1年の期を「つなぐ」
[Mission F] 人を「つなぐ」
[Mission G] 課題と成果を次年度に「つなぐ」

本書は、この7つのつながりを全体構成の基本原理としました。生活科や総合的な学習の時間における具体的な7つの「つなぐ」について、子供の姿と教師の働きかけを明らかにしようと試みました。そのことが、新しい教育課程において期待される「主体的・対話的で深い学び」を実現していくものと考えているからです。

（文部科学省初等中等教育局視学官　田村　学）

【引用・参考文献】

①拙著『授業を磨く』平成27年4月、東洋館出版社
②文部科学省『今、求められる力を高める総合的な学習の時間の展開（小学校編）』平成22年11月
③中央教育審議会「幼稚園、小学校、中学校、高等学校及び特別支援学校の学習指導要領等の改善及び必要な方策等について（答申）」平成28年12月21日

Chapter 02

1年を通して「深い学び」をデザインする

子供と教師が共に更新し続けるカリキュラム

カリキュラムは、子供たちと1年間の学びをつくっていく道標です。

カリキュラムと一口に言っても、年間から単元、本時など、内容に幅があります。最初は、子供が出会う対象を定めながら、年間カリキュラムを構想します。その後、実際に単元や本時を進めていく中で、子供の姿を見取りながら年間のカリキュラムを更新し続けることが大切になってきます。そうすることで、子供が様々な学びを獲得する姿へとつながっていくのです。

そこで本章では、1年を通して「深い学び」をデザインするために、第1学年のカリキュラムを作成・更新するプロセスを子供の姿を交えながら紹介していきます。

生活科や総合的な学習の時間を中核とした年間カリキュラムの必要性

生活科や総合的な学習の時間を中核とした年間カリキュラムづくりとは、子供の「こうしたい」「もっとこうしたい」という思いや願いをもとに、各教科等の学びを結び付けながら作成・更新することです。

各教科等では、年間を通して様々な単元を位置付け、子供の学びを深めていきます。しかし、子供の意識や活動がつながっていないと、資質・能力の発揮や学びの深まりが見えにくいものとなります。こうしたことから、**各教科等のつながりを考えながら、長期的な視点で年間カリキュラムを作成・更新することが求められる**のです。

また、生活科や総合的な学習の時間では、自分の暮らしや地域の問題を解決するために、各教科等で培ってきた資質・能力を総合的に発揮する必要があります。こうした点も盛り込みながら年間カリキュラムをデザインします。

子供が出会う対象の吟味や検討

年間カリキュラムを作成するに当たっては、子供が出会う対象の吟味や検討が欠かせません。また、対象を決定する際には、地域性や子供の発達の段階、学びの深まりについて総合的に考え、判断する必要があります。

例えば、生活科や総合的な学習の時間で子供が出会う対象として、商店街や朝市、川などが挙げられます。教師は、子供が対象に関わりながら、どのような問題や課題を見いだし、どのように解決を進め、自分の考えや生き方をつくっていくのかを想定します。**対象を吟味する必要性は、長期的なカリキュラムの中で、子供一人一人が多様な資質・能力を発揮し、学びの深まりを追究すること**にあります。対象との出会いによって、子供の思いや願いはどんどん膨らみ、学びは発展していきます。そして、自己選択・自己決定を繰り返しながら、深く考えようとする姿や、主体性をもって自ら動き出す姿が生まれます。

この一連の過程が、子供の「深い学び」へとつながっていきます。これらの子供の姿を生み出すものが、対象なのです。

子供の実態や教師の思いをもとに対象を決定

第1学年の子供は、様々な保育所や幼稚園から入学してきます。この小学校入学段階で、今まで慣れ親しんできた生活環境や友達関係に大きな変化が起こります。その変化から、入学当初に不安や緊張を抱えながら学校生活を送っている子供は少なくありません。

どんな活動においても、進んで活動に取り組む子供や友達と関わろうとする子供がいる一方で、活動に対して消極的であったり、友達との関わりが乏しかったりする姿があります。こうした実態を踏まえながら、教師は、1年間の学びの過程でどのような子供の姿を引き出したいのかを考えます。

このとき、子供一人一人が、「こうしたい」「もっとこうしたい」という思いをもとに自ら活動に向かっていく姿や、友達と関わりながら協力して1つの物事を成し遂げる姿を大切にします。そこで、生活科の学習において、遊び場づくりの活動を中心に置くことが考えられます。

子供は、遊ぶことが大好きです。幼児教育では、遊びを中心とした活動や体験の中から、子供自身が様々な学びを獲得していきます。「幼児期の終わりまでに育ってほしい姿」（中央教育審議会幼児教育部会資料）からも、具体的な活動や体験から、子供がどのような学びを獲得していくのかをうかがい知ることができます。

①健康な心と体　②自立心　③協同性　④道徳性・規範意識の芽生え

⑤社会生活との関わり　⑥思考力の芽生え　⑦自然との関わり・生命尊重

⑧数量・図形、文字等への関心・感覚　⑨言葉による伝え合い　⑩豊かな感性と表現

幼児期の育ちを踏まえ、保育所や幼稚園との円滑な接続を図ることを目的として、遊び場づくりの活動を中心に据えます。

年間カリキュラムの大まかな構想立て

1年間の学びを具体的に考える第一歩となるものが、年間カリキュラムを構想することです。４月の初めから着手し、どのような子供を育てたいかという年間の目標を明確にします。ここでは、子供の実態を踏まえてじっくりと検討します。

とはいえ、最初から完成度の高い年間カリキュラムを作成することはむずかしいもの

です。そこでまずは、大まかな構想となるよう留意します。

構想を立てる際には、同じ学年の先生方や級外の先生方と一緒に行うと効果的です。

資料1　年間カリキュラムを大まかに構想する

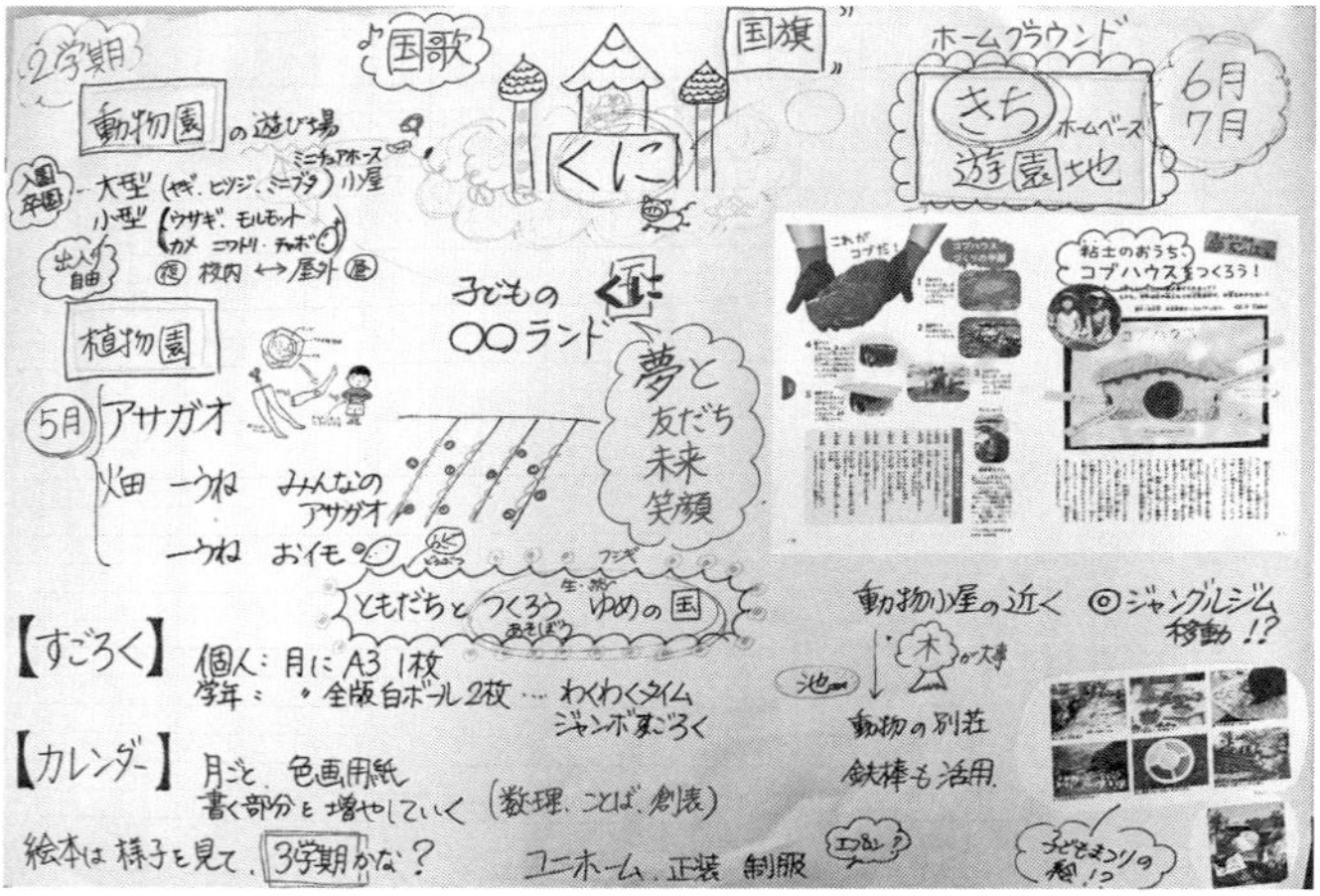

1年間を通してどのような体験や活動の広がりが生まれそうか、たくさんのアイデアを出すことが重要だからです。

例えば、「どんな場所で体験や活動を行うか」「どんな時期にどのような体験や活動ができそうか」「様々な教科と関連付けて行うことができないか」などと思いつくままに挙げていきます。

「遊び場づくりの場所は、動物小屋の近くがいいと思う。土管や鉄棒などの遊具もあるし、たくさん木が生えているからね。ジャングルジムも動かしてもらいたいな」

「遊び場には、子供たちのホームグラウンドになる基地があるといいね。基地が、粘土でつくれたら楽しそうだね」
「体験活動と一緒に年間を通して言語活動に取り組むことも必要だと思う。子供たちが思ったことや感じたことをすごろくやカレンダーに表現する活動も入れるといいよ」

アイデアは、どんどん模造紙にまとめていきます（資料1）。この段階では、実現できそうな活動かよりも、「子供たちと一緒にできたら楽しそうだな」「もっとこんなこともできそうだ」という発想を大切にします。このように、多様な視点で可能性を追究していくことで、子供の思いや思考の流れに柔軟に対応できるようになります。

構想した年間カリキュラムを研究推進部や学年部で検討

構想した年間カリキュラムをもとに、研究推進部や学年部で検討する機会をもちます（資料2）。複数の目で年間カリキュラムを検討することで、子供の実態や興味・関心に沿った体験や活動になっているか、1年間の活動でどのような学びをつくっていくのかを明らかにしていきます。

検討会には、管理職の先生にも一緒に入ってもらいます。学校内・外の施設の活用や活動に関わる費用、対外的な交渉など、活動を構想する段階で管理職の先生と相談する必要があるからです。

資料2　構想した年間カリキュラムを学年部で検討する

このときは、遊び場づくりの場として、土管や鉄棒などの遊具や大小様々な樹木があるグラウンドの一画を設定しました。遊び場づくりの活動を中心にして、生活科の学びをつくっていくために、この場所が適切であると考えたからです。

また、他の場所に設置されていたジャングルジムをこの一画に移動することで学びが広がると考えました。4月中に管理職の先生にお願いをして、ジャングルジムを移動させてもらうことができました。

すべての面で、教師の描いた思いが実現するわけではありません。けれども、子供が豊かな体験や活動を行えるようにするために、教師にはできる限りの環境を整えることが求められるのだと思います。

年間カリキュラム表（4月版）作成のポイント

研究推進部や学年部での検討を通して、年間カリキュラムの構想が固まってきたら、いよいよカリキュラム表を作成します。**資料3**が第1学年の年間カリキュラム表（4月版）です（次頁参照）。

1　カリキュラム表の横（単元間）のつながりを意識する

まずは、各教科等における単元間のつながりを意識して、年間カリキュラム表を作成します。その際、各教科等でどのような学習や活動をどの時期に取り上げていくかを吟味して、単元を配列していきます。

例えば、生活科の学習では、遊び場づくりの活動を長期的に行った後、つくった遊び場にお客さんを招待する活動を設定しています。これは、遊び場づくりの活動に没頭した子供が、「自分たちのつくった遊び場を他の人にも使ってもらいたい」「自慢の遊び場を紹介したい」などの思いを抱くことが想定されたからです。

このように、**単元の配列を考える際には、子供の意識や思考の流れがどのようにつながっていくかを具体的にイメージする**ことが大切です。

生活科との関連

道徳・特別活動との関連

11月	12月	1月	2月	3月	時数

けいさんとなかよし② (27)
・たしざん ⑪
・ひきざん ⑪
・たすのかな ひくのかな ⑤

大きさとなかよし (9)

大きなかずとなかよし (12)

いくつ見つかったかな (2)

1年のまとめ (6)

136

や体験したことの絵、文などをかく(24)

なかよし(12)

うかべよう・たがいのこえをききあってうたおう

みんなでかざろう (2)

いろいろペッタン・かんじたこと，おもったこと(12)

おみせやさんになろう (9)

みんななかよし〜ゆめのくにコンサート〜 (20)
・歌をつくろう
・衣装をつくろう
・必要な小道具をつくろう
・ダンスをつくろう

プレゼントをどうぞ (4)

136

など
作り

ようこそゆめのくにへ
・全校の人やおうちの方をゆめのくにに招待する

し)(18) 日常的な飼育活動(小屋掃除、餌やり、健康観察)など
迎える準備・入学式・いきものート・なかよしイベント（誕生日会・発育測定など）・卒業式

冬となかよし
・おさんぽ（雪あそび）

ぼく・わたしの「あおぞら思い出すごろく」 ⑩
・ぼく・わたしのお気に入りのすごろく紹介
・一年間ためてきたすごろくで遊ぶ
・1冊の本にしよう（製本）
・表紙を作ろう
・友達や家族に紹介する

「あおぞらっ子の思い出すごろく」 ⑩
・みんなのすごろくを集めて、ジャンボすごろくを作る
・遊びながら友達や家族と交流する

ぼく・わたしの「できるようになったよ しかけ絵本」⑩
・一年間の活動を振り返って、できるようになったことやがんばったことをしかけ絵本にあらわす
・友達や家族に紹介する

102

く」の文章(27)

・あつまれ, ふゆのことば ・もののなまえ

ことばとなかよし③(16)
・ぐんどくしよう ・ことばをたのしもう
・おみせやさんごっこをしよう ・これはなんでしょう

・みいつけた いっぱい ・ずうっと, ずっと, 大すきだよ

ほんとなかよし③(28) ・よみきかせ
・たぬきの糸車 ・だってだってのおばあさん ・どうぶつの赤ちゃん

カタカナとなかよし(2)

かんじとなかよし(3) ・にているかんじ カタカナとなかよし(3)

「みんなのおはなし」･･･みんなでお話を話したり、聞いたりする(60)

306

りを成功させよ
の準備
プの作品鑑賞

ゆめのくにに招待しよう(6)
・全校の人やおうちの方をゆめのくにに招待する

学びのステージを成功させよう(10)
・ステージ発表の準備

あおぞら思い出すごろく(6)
・みんなのすごろくのマスを集めて、巨大なすごろくを作る

1年間を振り返ろう (4)

ようこそ新しいともだち(2)

ありがとう6年生(6)

・なかよし読書

68

ボールとなかよし②(6)

跳び箱となかよし(5)

鉄棒となかよし(3)

ボールとなかよし③(6)

なわとび(11)

102

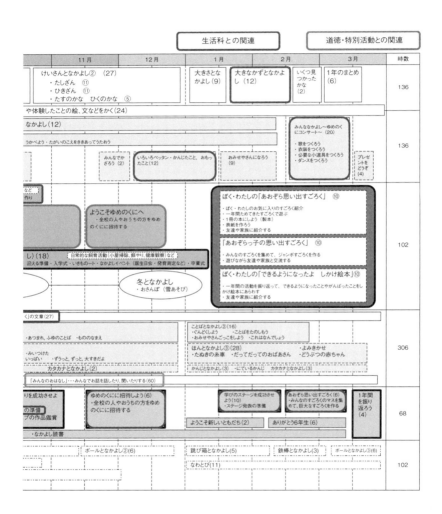

資料３　構想した年間カリキュラム表（４月版）

第1学年　年間のカリキュラム表

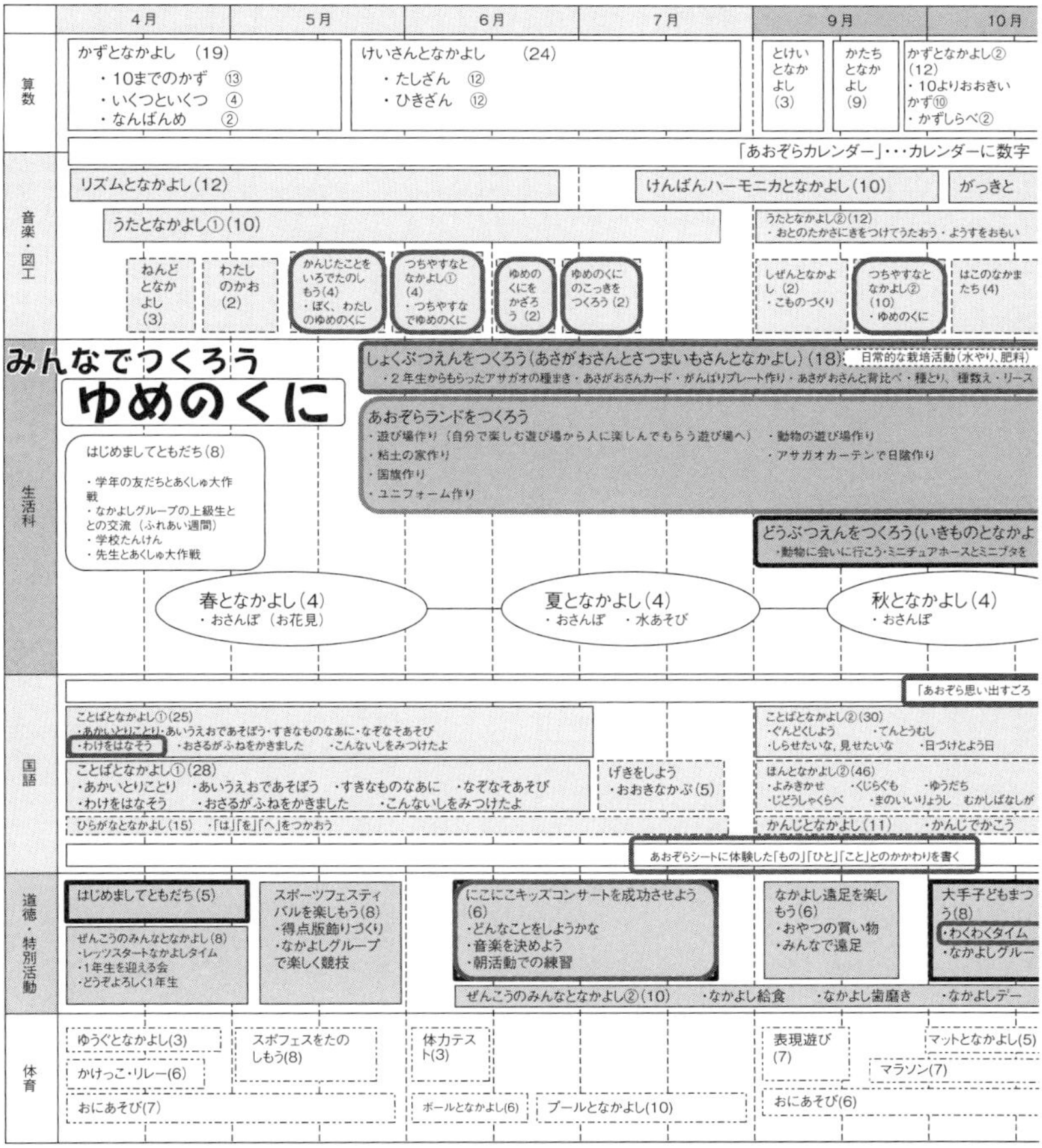

2 カリキュラム表の縦（他教科等）のつながり〈注〉を意識する

次に、**生活科を中核として他教科等とのつながりを意識し、年間カリキュラム表を関連付けていきます。**資料3のカリキュラム表では、中核とする生活科を中央に配置し、関連の深い国語科や音楽科、図画工作科などの教科を上下に配置しています。

例えば、国語科の学習では、生活科を含めた日々の出来事を通して思ったこと、感じたことを文章に記述して、すごろくに表現する活動を行っていきます。この表現活動は、月に1回ずつ行い、1年間の学びをつなげていきます。また、遊び場づくりの活動を通して得た気付きをカードに表現して、単元の最後に絵本の形に再構成します。

このように、**他教科等との関連を図る際には、特に、言語活動を重視**します。これは、**体験や活動だけを行っていても、子供の学びは深まっていかない**からです。体験や活動をもとに、子供自身が気付きや思いを自覚することが大切です。子供は、言語活動を通して、自らの活動や体験を振り返ります。そうすることで次の活動への意欲や見通しをもつことができるようになります。

年間のカリキュラム表は、あくまで子供が日々取り組む学習や活動の計画です。そのため、子供と日々の学習や活動を進める中で、当初の構想どおりに展開しないこともあります。

ややもすると、カリキュラム表は、作成したことで満足してしまいがちです。子供の姿を見取りながら、学びがより深まる学習や活動を行うためには、構想を修正していく柔軟さが特に重要になります。

作成したカリキュラム表をもとに活動を進める

作成したカリキュラム表をもとに、各教科の学習や活動を進め、子供の姿を見取っていきます。ここでは、特に、生活科と国語科の学びを紹介します。

生活科の学習では、「こんな遊び場があったらいいな」という子供の思いから、遊び場づくりの活動がはじまります（資料4）。

子供は、試行錯誤を続けながら納得いくまで遊び場づくりに没頭します。そして、自分たちのつくった遊び場に自信を深めていきます（資料5）。また、月に1回、日々の出来事を振り返り、すごろくに表現する活動を繰り返し行っていきます（資料6）。

〈注〉本書で扱っている単元配列表（カリキュラム表）は、横軸に「単元」、縦軸に「各教科等」を配列している。その関係上、表の読み取りの際に、「横のつながり」といった場合には1つの教科等における単元同士のつながりを意味し、「縦のつながり」といった場合には教科等横断的視点に基づくつながりを意味する。

資料4　子供が考えた「こんな遊び場があったらいいな」

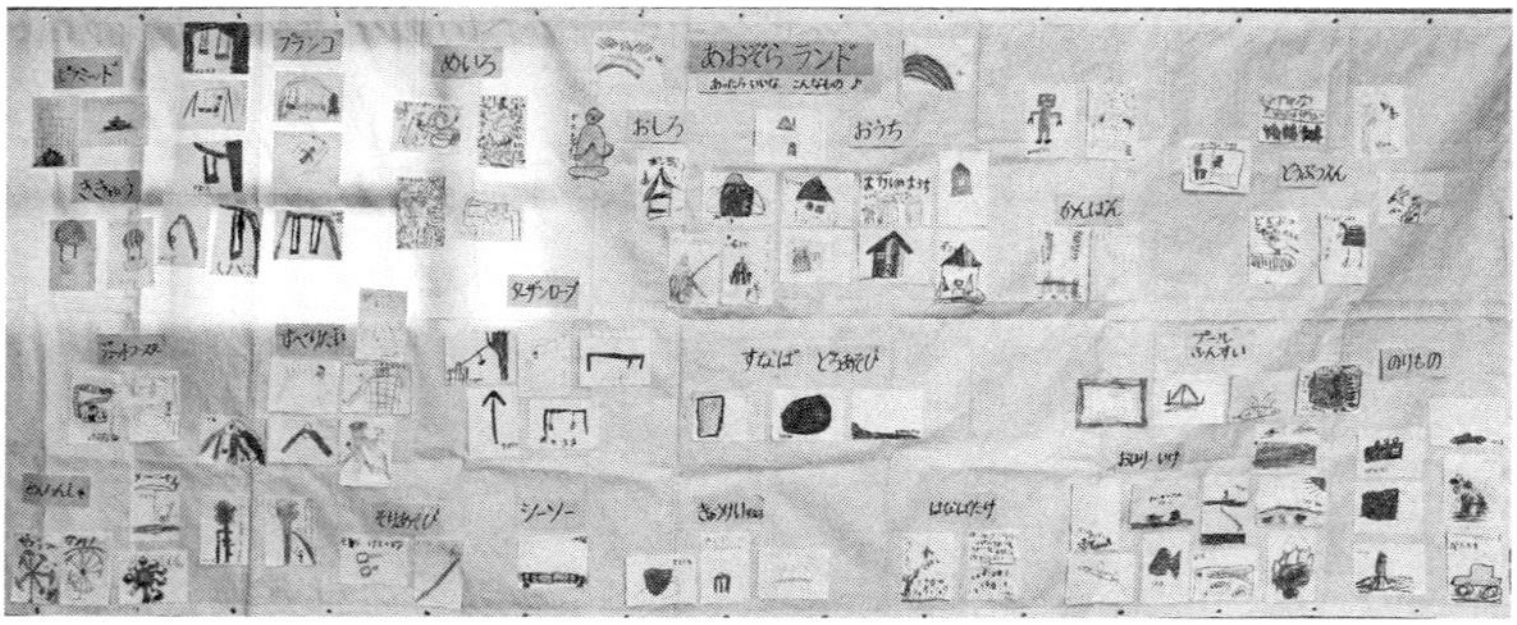

資料5　「あおぞらランド」の実際の様子

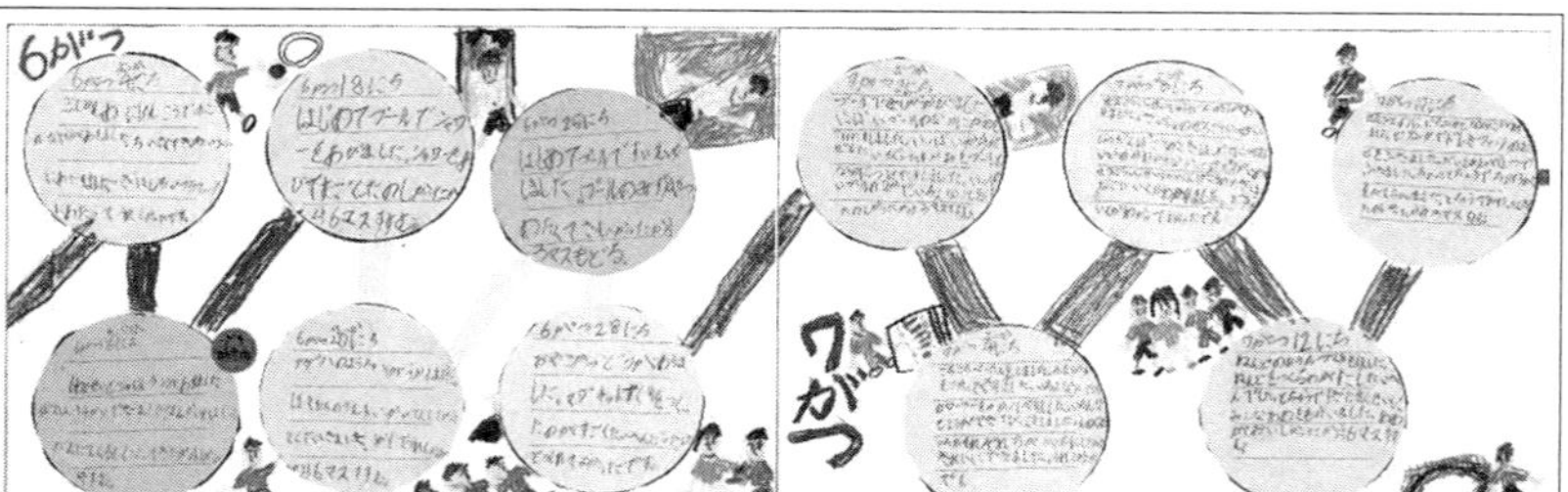

子供の姿や教師の思いをもとに、カリキュラム表を修正

年間カリキュラム表は、定期的に修正するたびに、少しずつ子供の「深い学び」の実現に近付いていきます。**常に拠り所とするのは、子供の姿**です。

カリキュラム表を修正するに当たっては、次のような視点から、日々の学習や活動を振り返ります。

①子供たちのどのような姿を期待しているのか。
②そのためにどのようなことをすればよいのか。
③実際にどのような子供が育まれているのか。
④その理由は何か。
⑤さらにどうしていけばよいのか。

目の前の子供の姿をもとに、「構想・計画」→「実践」

資料6　月に1回、体験や活動を振り返ってまとめた「あおぞら思い出すごろく」

資料７　修正したカリキュラム表（生活科）

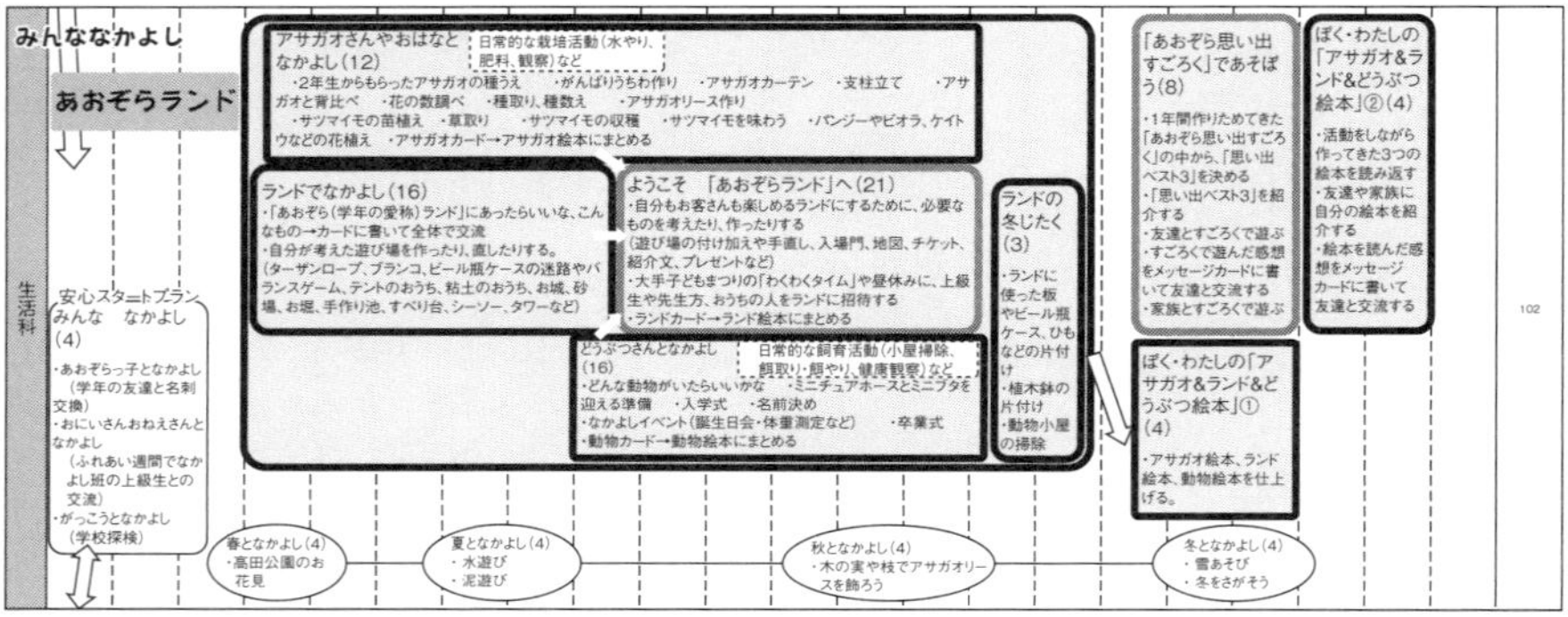

↓「評価・改善」のPDCAサイクルを回して、カリキュラム表を修正していきます。

それでは、前掲した**資料3**の生活科のカリキュラム表をどのように修正していったのかを見ていきましょう（**資料7**）。

まず、生活科の年間テーマが、「みんなでつくろう　ゆめのくに」から「みんななかよし　あおぞらランド」に修正しています。

「あおぞら」は、第1学年の愛称です。子供との話合いを通して、遊び場が「あおぞらランド」という名称になったことから年間のテーマが変わっています。また、「もっと対象や他者との関わりを深めてほしい」という教師の思いも合わせて、「みんななかよし」という言葉を使っています。

また、子供の「遊び場にお客さんを招待したい」という思いから、「ようこそ！あおぞらランドへ」の単元の時数を増やしています。これは、お客さんに楽しんでもらえる遊び場にするためには、遊び場をさらに改良したり、チケットや受付などの準備を進めたりする必要が生じたからです。

さらに、3学期には、これまで書きためてきたすごろくを使って遊ぶことで、自分自身や友達のがんばり、成長に気付く姿を期待しています。

このように、子供の姿や教師の思いをもとに、カリキュラム表を修正することで、子供と教師が共につくるカリキュラムになります。

子供の思いが教師の想定を超える

生活科の学習で、遊び場にお客さんを招待する活動を行ってから3か月が経ちました。季節は冬になり、グラウンドには雪が積もっています。子供がつくった遊び場も、冬のはじまりの前にみんなで相談をして片付けました。遊び場を片付けながら、子供たちは寂しそうな顔を見せていました。

2月、新1年生を学校に招待する活動があります。そこで、新1年生に自分たちの学校を紹介するために、何をしたらよいのかを話し合います。このとき、子供たちから次の思いが出されました。

「これまで書いてきたすごろくで遊んでもらいたい」

「自分たちがつくった遊び場を紹介したい」

子供は、自分がつくった遊び場を紹介カードに書きためて、絵本にまとめていました。その絵本を読み聞かせしたり、すごろくで遊んでもらったりしたいという思いや願いをもったのです。

資料８　２月に新１年生を学校に招待する活動

その日から、活動に向けた準備がはじまりました。子供は、友達と相談をしながらどんどん準備を進めていきます。

最初から教師をあてにしている子供の姿は見られません。そんな子供たちの主体性に驚かされるとともに、子供同士のつながりが深まっていることを実感しました。

活動当日、新1年生に一生懸命絵本の読み聞かせをしたり、一緒に楽しくすごろくで遊んだりする子供の姿がありました（資料8）。「小学校に入学したらこんなに楽しいことができるんだよ」「早く4月になるといいね」と声をかける子供たちの姿から1年間の成長がうかがえます。

2月の活動で、遊び場の絵本を読み聞かせしたり、すごろくで遊んだりする活動を行うことは、当初教師の想定にはないことでした。子供自身が、教師の想定を超えて活動をつなげていったのです。これこそ、子供と教師が共に更新し続け合うカリキュラムなのです。

*

本章の最後に、年度末に完成した3月版のカリキュラム表を次頁に掲げます。

（甫仮直樹／杉田かおり）

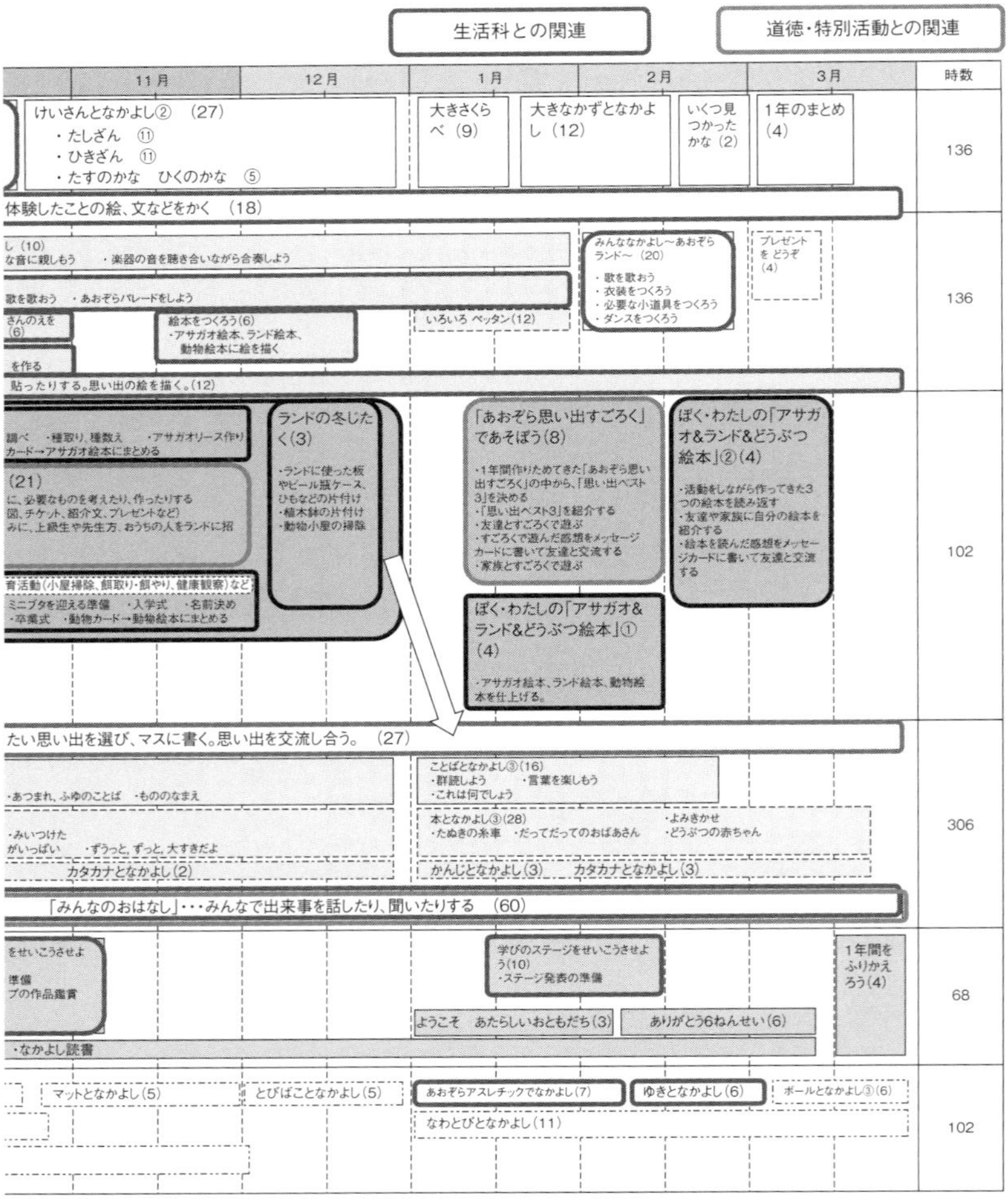

生活科との関連
道徳・特別活動との関連
11月
12月
1月
2月
3月
時数
けいさんとなかよし② (27)
・たしざん ⑪
・ひきざん ⑪
・たすのかな ひくのかな ⑤
大きさくらべ (9)
大きなかずとなかよし (12)
いくつ見つかったかな (2)
1年のまとめ (4)
136
体験したことの絵、文などをかく (18)
し (10)
な音に親しもう ・楽器の音を聴き合いながら合奏しよう
歌を歌おう ・あおぞらパレードをしよう
さんのえを (6)
を作る
絵本をつくろう(6)
・アサガオ絵本、ランド絵本、動物絵本に絵を描く
いろいろ ペッタン(12)
みんななかよし～あおぞらランド～ (20)
・歌を歌おう
・衣装をつくろう
・必要な小道具をつくろう
・ダンスをつくろう
プレゼントを どうぞ (4)
136
貼ったりする。思い出の絵を描く。(12)
調べ ・種取り、種数え ・アサガオリース作り
カード→アサガオ絵本にまとめる
(21)
に、必要なものを考えたり、作ったりする
図、チケット、紹介文、プレゼントなど)
みに、上級生や先生方、おうちの人をランドに招
育活動(小屋掃除、餌取り・餌やり、健康観察)など
ミニブタを迎える準備 ・入学式 ・名前決め
・卒業式 ・動物カード→動物絵本にまとめる
ランドの冬じたく(3)
・ランドに使った板やビール瓶ケース、ひもなどの片付け
・植木鉢の片付け
・動物小屋の掃除
「あおぞら思い出すごろく」であそぼう(8)
・1年間作りためてきた「あおぞら思い出すごろく」の中から、「思い出ベスト3」を決める
・「思い出ベスト3」を紹介する
・友達とすごろくで遊ぶ
・すごろくで遊んだ感想をメッセージカードに書いて友達と交流する
・家族とすごろくで遊ぶ
ぼく・わたしの「アサガオ&ランド&どうぶつ絵本」①(4)
・アサガオ絵本、ランド絵本、動物絵本を仕上げる。
ぼく・わたしの「アサガオ&ランド&どうぶつ絵本」②(4)
・活動をしながら作ってきた3つの絵本を読み返す
・友達や家族に自分の絵本を紹介する
・絵本を読んだ感想をメッセージカードに書いて友達と交流する
102
たい思い出を選び、マスに書く。思い出を交流し合う。 (27)
・あつまれ、ふゆのことば ・もののなまえ
・みいつけた
がいっぱい ・ずうっと、ずっと、大すきだよ
カタカナとなかよし(2)
ことばとなかよし③(16)
・群読しよう ・言葉を楽しもう
・これは何でしょう
本となかよし③(28)
・たぬきの糸車 ・だってだってのおばあさん
・よみきかせ
・どうぶつの赤ちゃん
かんじとなかよし(3)
カタカナとなかよし(3)
306
「みんなのおはなし」・・・みんなで出来事を話したり、聞いたりする (60)
をせいこうさせよ
準備
ブの作品鑑賞
学びのステージをせいこうさせよう(10)
・ステージ発表の準備
ようこそ あたらしいおともだち(3)
ありがとう6ねんせい(6)
1年間をふりかえろう(4)
・なかよし読書
68
マットとなかよし(5)
とびばことなかよし(5)
あおぞらアスレチックでなかよし(7)
ゆきとなかよし(6)
ボールとなかよし③(6)
なわとびとなかよし(11)
102

資料9　修正した年間カリキュラム表（3月版）

第1学年　年間のカリキュラム表　最終版

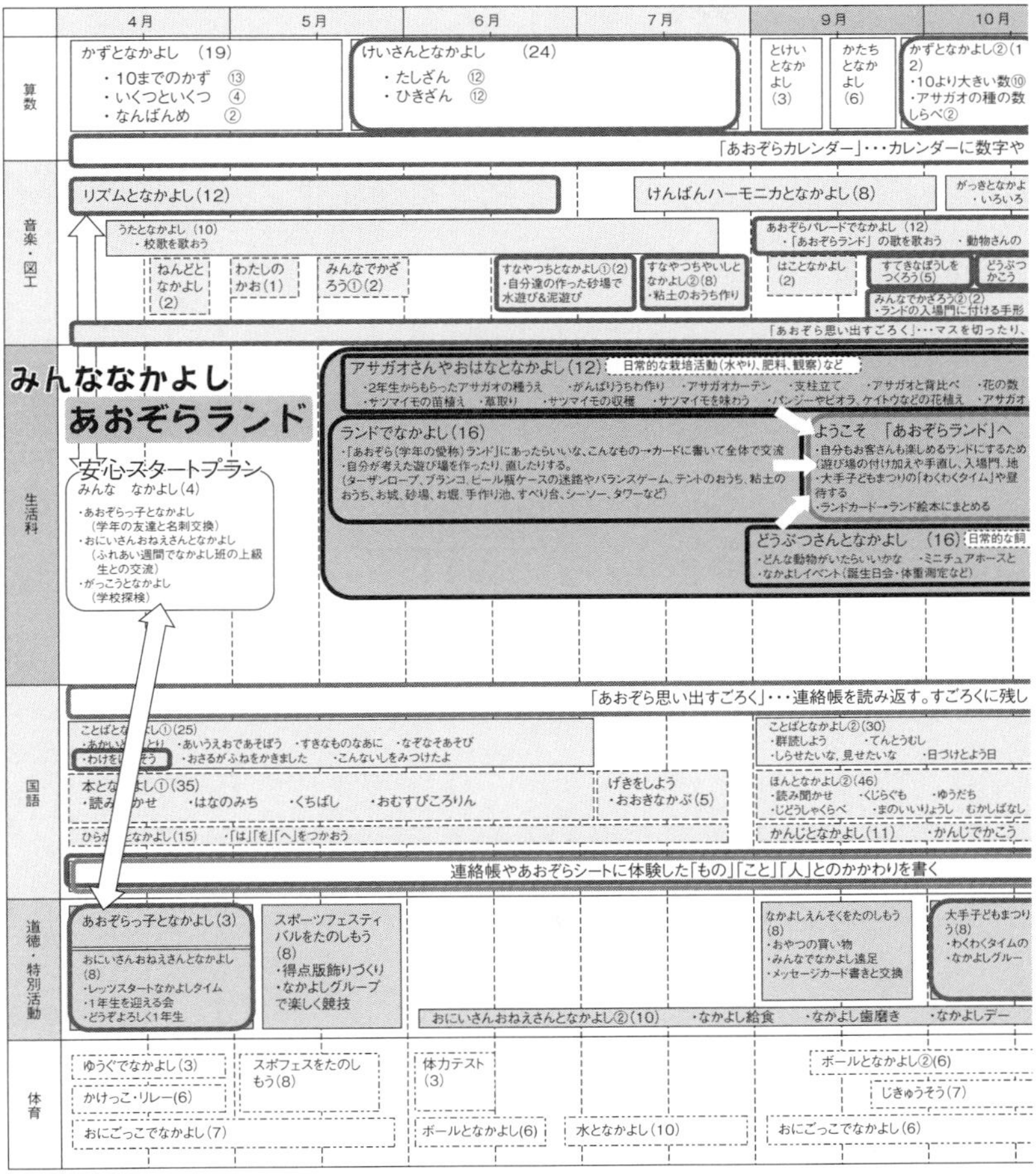

Chapter 03

カリキュラム・マネジメントの実際

Mission-A　体験と言語をつなぐ
Mission-B　単元をつなぐ
Mission-C　教科をつなぐ
Mission-D　暮らしとつなぐ
Mission-E　１年の期をつなぐ
Mission-F　人をつなぐ
Mission-G　課題と成果を次年度につなぐ

Mission A

体験と言語をつなぐ

体験と言語をつなぐ

1　なぜ、体験と言語をつなぐのか

　生活科や総合的な学習の時間では、体験活動の充実が欠かせません。その一方で、体験活動を位置付けるだけでも学習としては不十分です。どんなにすばらしい体験でも、時間の経過とともに記憶が薄れ、子供たちが獲得した情報が曖昧になってしまうからです。そこで、**体験で獲得した情報を作文などに書き表すことで言語化し、知識として定着させる**ことが求められます。

　書くことは、思考をともなう作業です。したがって、思考力や表現力等の資質・能力を育成する上で、言語によりまとめたり、分析したりすることを体験活動とつないで問題解決や探究活動のプロセスに位置付けることが大切になります。

　また、そのプロセスに他者と関わり合う場や振り返りの場を位置付けることも必要です。他者と関わり合うことで、自分の考えを言語化して表現し、獲得した知識をより確かにすることができます。

　特に、文字言語によってまとめることは、新たに獲得した知識を既有の知識と結び付け、自分の考えとして整理し意味付けることにもなります。さらに、振り返りによって

得られた自らの学びに対する自己有用感や自己有能感は、次の学習への「学びに向かう力」に結び付いていきます。

2　体験と言語を、どのようにデザインするか

生活科と国語科の「書くこと」に関する指導事項をつないでカリキュラム表に配列します（資料1）。

資料1　生活科と国語科の「書くこと」をつなぐ

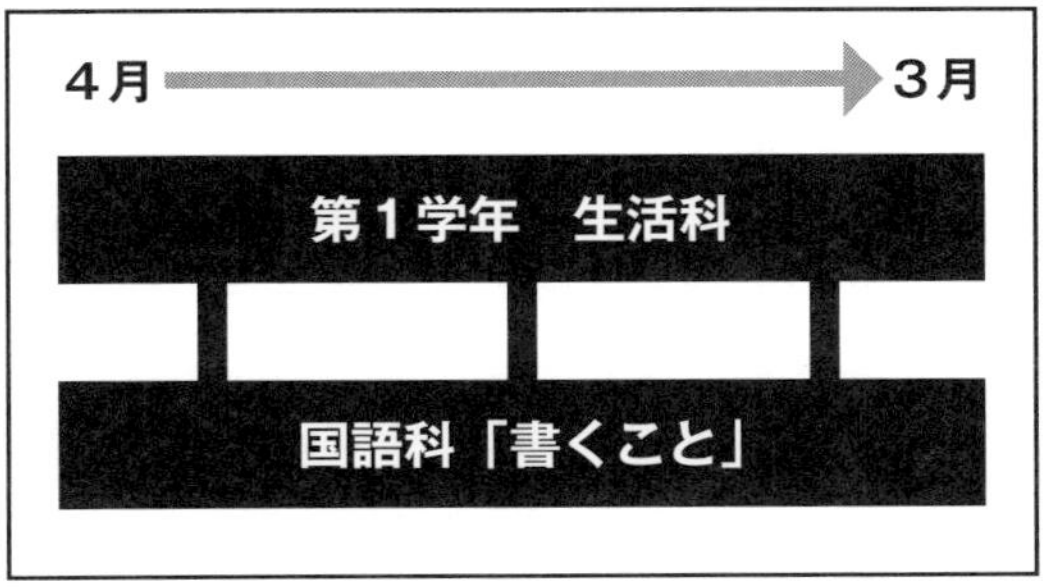

例えば、国語科の第1学年及び第2学年の目標、「書くこと」の指導事項には、「経験したこと」「事柄の順序」「題材に必要な事柄」などが取り上げられていますが、こうした事柄は、生活科の体験活動そのものでもあります。**子供の立場に立てば、体験があるから書くことが生まれる**といえます。

子供にとって言語化し、書き表したい内容が、生活科の体験そのものにあるというわけです。生活科で体験したことを書き表すということを1年間継続するために、例えば、次のように1、2年生のカリキュラムをデザインします。

資料２　生活科と国語「書くこと」をつないだ日課表

	月	火	水	木	金
1			生活		
2					生活
3		生活			国語
4		国語			
5					

〈日課表の作成アイディア例〉

①カリキュラム表で、生活科と並べて国語科の「書くこと」を位置付ける。

②日課表で週３時間の生活科の次の時間のうち、２時間を国語科の「書くこと」とする（資料２）。

第３学年以降は、総合的な学習の時間での体験を、目的意識や相手意識をもって表現し伝える場とすることで、カリキュラム上、総合と国語科で育成を目指す資質・能力をつなぎます。具体的には、**国語科で書く技能を学び、総合的な学習の時間の体験を表現する活動に活用**します。**子供にとっては、国語科で獲得した技能を使って、わかりやすく体験を言語化できるようになる**のです。

また、体験を言語化することは、自分を振り返り、自分の学びを残すことでもあります。さらに、「書くこと」は、継続することで、自分と関わる情報を蓄積していくことにもなります。自分を見つめ直したり、自分の見方・考え方の変化や成長をとらえるに当たって、これらの蓄積した文字情報が、自分を振り返るための有効なデータとなるのです。

（上原　進）

生活科の体験活動と「書くこと」の相互作用を図る

1　1年生は「書き言葉への入門期」として位置付ける

A　書き言葉への入門期とは？

幼稚園や保育所から入学してきた1年生を、「書き言葉への入門期」として位置付けます。これまで獲得してきた話し言葉を書き言葉へと変換する期ととらえ、書き言葉の獲得と語彙数を増やしていくことを重視する時期とします。書き言葉の獲得と語彙数を増やすには、実際の「もの・こと」と言葉を結び付けることが有効です。

学習指導要領には、どの時期までにどの程度の文を書かせるかということは示されていません。そこで、私は、「1年生の1学期末までに、100字程度の作文を書けるように」と実践してきました。これは3文程度の文章量になりますから、体験したことをほぼ表現することができるというわけです。

具体的には、次のように1学期末までに書くことを段階的に指導します。

①書き出し1文を視写する。
②1文1改行で書くようにする。

③２文目の書き出しの位置を指示する。
④助詞、促音、拗音、長音を、実際の「もの・こと」に応じて指導する。
⑤実際の「もの・こと」に応じて、ひらがなを指導する。
⑥個別指導をする。したことを順々に言ってから書くようにする。
⑦子供が書いたものを、個々に徹底してほめる。
⑧１文視写のあとに、「わたしは、」という書き出しの指示をする。
⑨会話文を使った書き方を指導する。
⑩子供が書いたものを印刷して配ったり、見合えるように掲示したりする。

このように、生活科の体験活動と書くことをつないだ指導を1年生からスタートするのですが、学校生活の中でも、「もの・こと」と結び付いた書き言葉の獲得を図るために、次の2点に配慮します。それは、連絡帳の活用と書くための環境構成です。

B　連絡帳の活用とは？

子供が、家庭への連絡事項を記入する「連絡帳」を文字指導の場として活用します。

例えば、助詞「を」について指導するときは、その日にあった出来事を「を」を使って文にします。「めのけんさをしました」「おだんごをたべました」と子供たちは、その文を連絡帳に視写するのです。

このトレーニングを1週間は続けます。こうして、その日の出来事と結び付いた形で「を」の使い方を学ぶことができるようにします。毎日書くという連絡帳の特性を生かし、文字に関する事項、表記に関する事項の指導を繰り返し行います。

書くという行為は、単なる文字の練習ではなく、書く内容が現実的であってこそ身に付きます。したがって、連絡帳は、教師からの連絡事項だけでなく、学校でその日に実際にあったことを書くようにするのです。言葉を、実際の「もの・こと」と結び付けて獲得させるためです。作文指導と同じように、ここにも指導段階があります。

①教師が書いたものを視写する。
②視写に続いて、1文を自分で書く。
③視写に続いて、1段落を自分で書く。
④全文を自分で書く。

ここで大切なことは、教師が子供たちに視写させる内容に、前述の作文指導の④や⑨などの事項を取り込んでいくことです。具体的には、**文字や表記に関する事項を視写によって学ばせる**のです。1年間の継続によって、子供たちは着実に書く力を付けていきます。

資料3　書くための環境構成

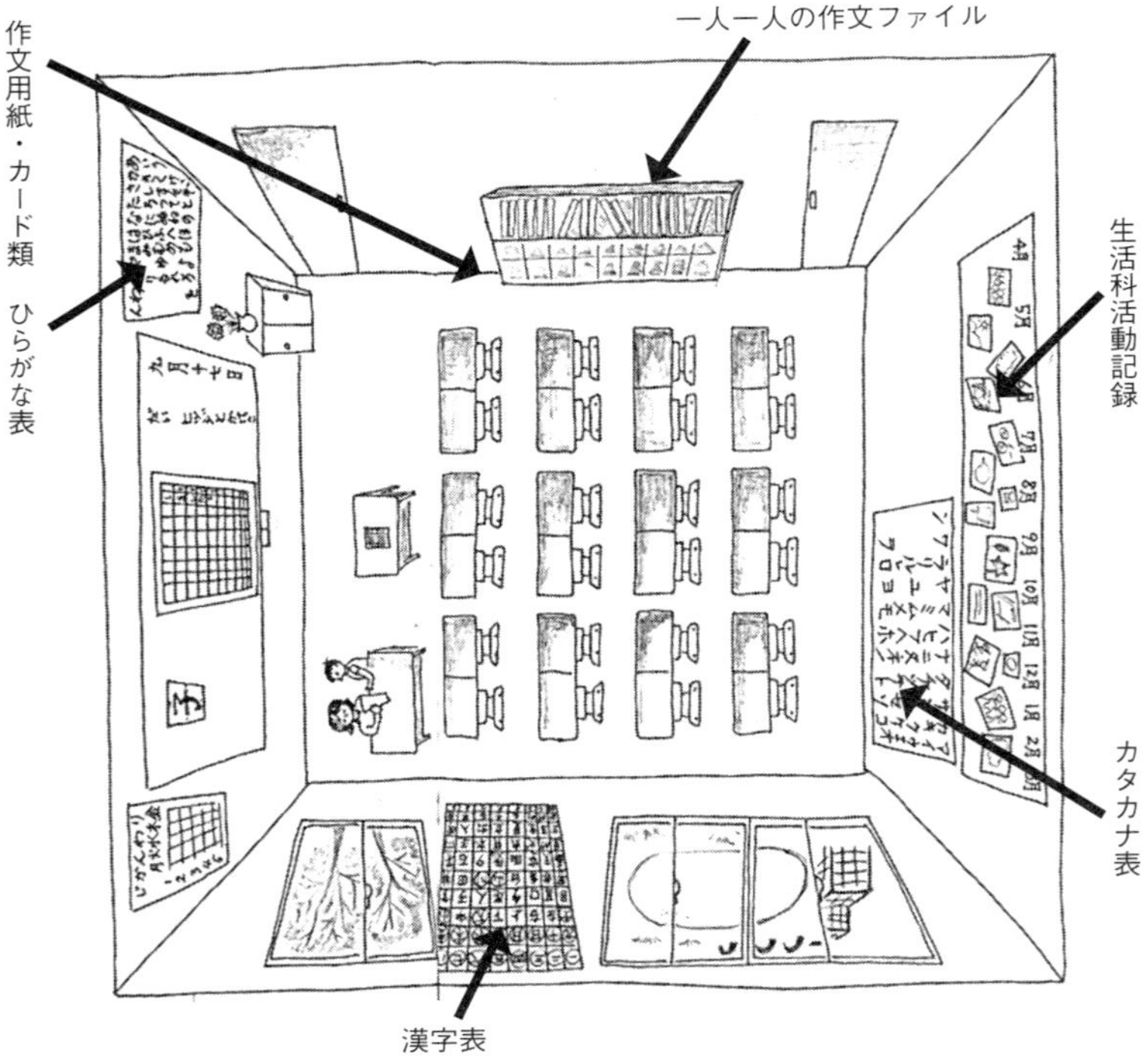

C　書くための環境構成とは？

　教室には、ひらがな表を掲示します。学年で学習する漢字一覧表、カタカナ一覧表も掲示します。また、作文用紙やカード類の置き場所が、子供にわかるようにしておきます。書きたいことがあれば、自分で取りだして使ってよいことを伝えておきます。

　教室の一角には、子供一人一人の作文を綴ったファイルを収納しておくファイル・ボックスを準備しておきます。教室の背面には、子供たちの作文を掲示し、表現の工夫などをまねることができるようにしておきます。このように、**書くための環境を整えることは、子供の主体的な学びを支援する大切なポイント**といえます（資料3）。

資料4

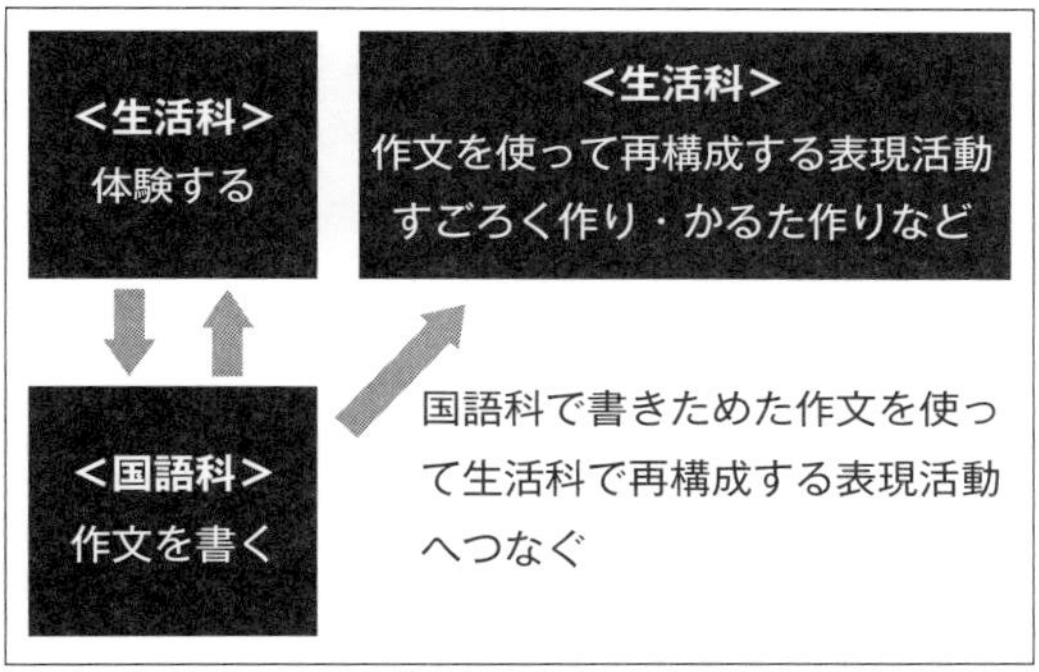

2　国語科で書いたものを蓄積し、再び生活科につないで活用する

生活科で体験したことを文章表現として表した作文やカードは、ファイルに時系列で保存します。時系列で保存するのは、後に自分の変化・成長をとらえさせるためです。**書きためたものを時系列で見比べることで、文字がうまくなったこと、たくさんの文章を書けるようになったこと、自分の見方・考え方が変わってきたことなどに気付く**ことができるのです。

生活科で関わった対象への気付きや、自分のことが書かれた情報を蓄積することは、自分自身を蓄積することでもあります。この蓄積した自分に関する情報を使って、生活科で再構成する表現活動を行います。そこで、国語科で書きためたものを、再び生活科の活動へつなげていけるようマネジメントします（**資料4**）。

書きためたものを使い、生活科の活動として再構成する表現活動には、「思い出すごろくづくり」（1年生3学期）や、「わたしのカルタづくり」（2年生3学期）などがあります。「思い出すごろく」は、「入学してから2年生になるまでのことがたくさん入っているすごろくをつくろう」をテーマに活動します。

資料5　朝市で品物を販売する子どもたち

子供は、作文ファイルをめくりながら、すごろくにする内容を選びます。「運動会でいっしょうけんめい走ったから、5こ進む」「あさがおの花がたくさん咲いてうれしかったから、3こ進む」などと、自分の行為を振り返り、意味付けながらすごろくをつくります。

自分自身のことを振り返りながら活動することは、1年生の子供たちにはむずかしいですから、「体験」と「書くこと」とをつなぐことで、文章として蓄積し、それを活用して活動を展開することで、新たなものをつくり出していきます。

資料6　朝市体験を言語につなぐ

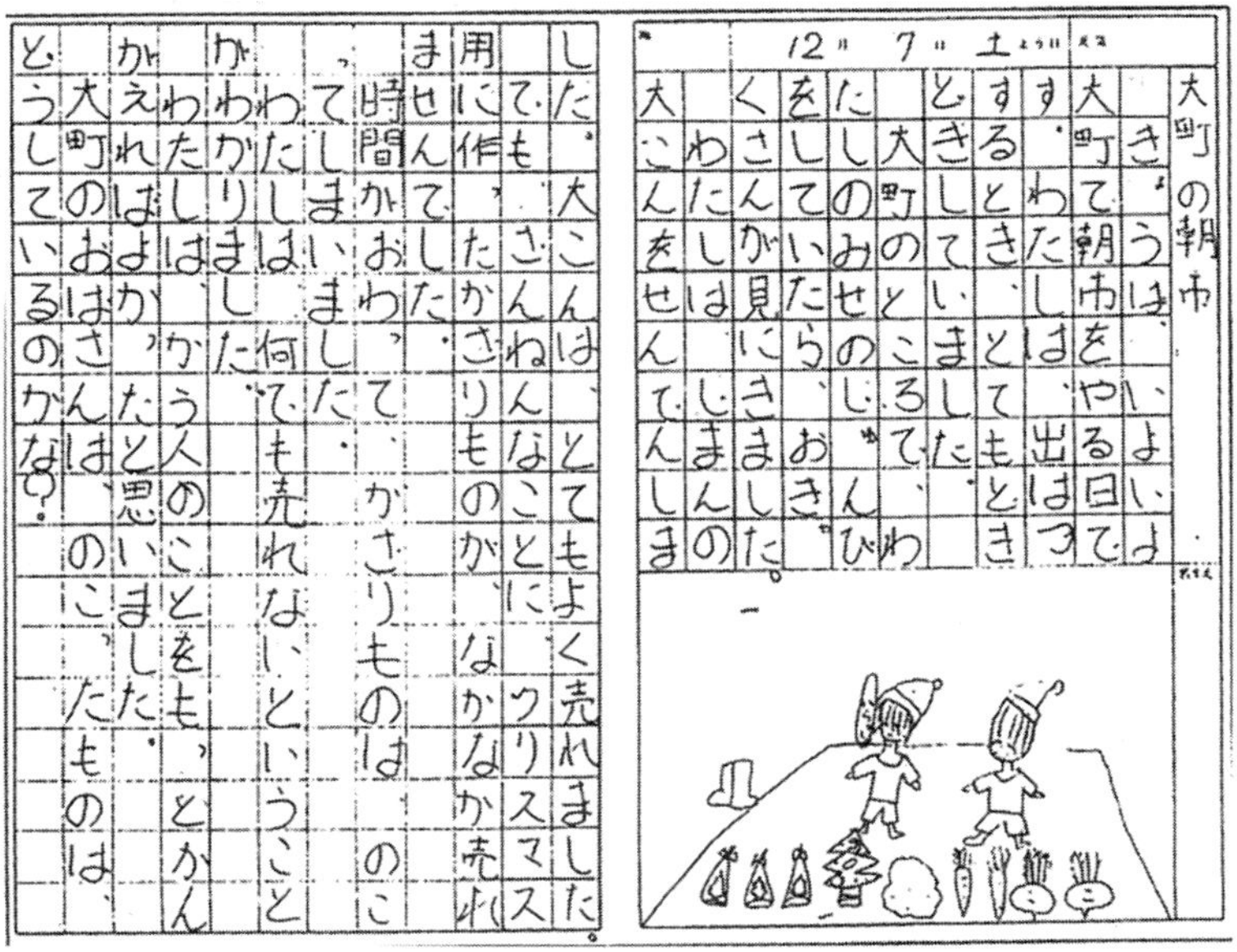

大町の朝市

12月 7日 土ようび

きょうは、いよいよ大町て朝市をやる日です。わたしは、出はつするとき、とてもどきどきしていました、大町のところでわたしのみせのじゅんびをしていたら、おきゃくさんが見にきました。わたしはじまんの大こんをせんでんしました。大こんは、とてもよく売れました。でも、ざんねんなことに、クリスマス用に作ったかざりものが、なかなか売れませんでした。時間がおわって、かざりものはのこってしまいました。わたしは何でも売れないということがわかりました。わたしは、かう人のことをもっとかんがえればよかったと思いました。大町のおばさんは、のこったものは、どうしているのかな？

3　体験を作文に書き表し、学びをつなぐ

2年生の子供たちが、地域で行われている朝市の場で、自分たちも「市」を開きました。自分たちの畑で収穫した野菜や、自分たちでつくった品物を、朝市で販売します（資料5）。朝市が終わった後で、朝市体験を作文に書きました（資料6）。

作文を読むと、「いよいよ」「とてもどきどき」といった子供の心情が読み取れます。また、「じまんの大こん」という表現からは、これまでの野菜との関わりをうかがい知ることができます。

「わたしは、何でも売れないということがわかりました」といった気付きや、「わたしは、かう人のことをもっと考えればよかったと思いました」と見方を広げ、最後には、「大町のおばさんは、のこったものは、どうしているのかな」という新たな疑問をもっていることがわかります。

自分の用意した物が売れ残ってしまった出来事をもとに、朝市で働く人に思いを寄せています。子供は体験を振り返り、作文することで自分を表現しながら、次の追究へ思いを巡らせています。

このように、**体験と言語をつなぐカリキュラムは、子供の「学びに向かう力」を培い、自らの学びを推し進めてくれる**のです。

（上原　進）

総合的な学習の時間の「新聞づくり」を通して体験と言語をつなぐ

総合的な学習の時間（以下、総合）を通じて、子供たちは様々な体験をします。この体験を言語化する1つの方法として、新聞づくりは有効な活動です。

また、**新聞づくりは、総合の探究的な学習と相性がよく、さらに国語科との関連を図りやすいことも特徴**です。しかも、新聞づくりは、読者を意識することで明確な相手意識をもちやすく、さらに読者が地域の方たちであれば、新聞を通して地域とのつながりも生まれます。

ここでは、総合において新聞づくりのプロセスをいかに位置付け、カリキュラムをマネジメントしていけばよいか、3年生の総合の実践を例に見ていきます。

1　体験を言語化する新聞のよさ

平成20年の中央教育審議会答申「幼稚園、小学校、中学校、高等学校及び特別支援学校の学習指導要領等の改善について」では、思考力・判断力・表現力等の育成と言語活動の充実を目指すことが示され、総合においても多くの実践が積み重ねられてきました。

その中でも、新聞づくりは子供の体験を言語化する場面を多くつくりだすことができる上に、多様な観点から考察する能力（クリティカル・シンキング）の育成にもつながります。これは、新聞がもつ公共性や社会的な役割を考えれば納得できるものです。

また、言語活動の充実という視点から新聞づくりをみると、答申に示された「事実等を正確に理解し、他者に分かりやすく伝えること」との親和性が高く、さらに子供たちが協働して新聞づくりを進めることで、「事実等を解釈し説明するとともに、互いの考えを伝え合うことで、自分の考えや集団の考えを発展させること」にもつながります。

このように、**新聞づくりを通じて体験を言語化していく過程で、子供たちに多くの資質や能力を育む学習場面をつくることができる**のです。

2　新聞づくりのプロセスと探究的な学習をつなぐ

総合における探究的な学習は、新聞づくりのプロセスと重なる部分が多く（資料7）、総合のカリキュラムの中心に据えることで、探究的な学習のプロセスを何度も回すことができます（PDCA）。しかも、新聞づくりのプロセスが定着してくると、子供たちは、新しい学習対象に見通しをもちながら関わることができるようになるとともに、学年が変わっても必要なときに使える表現手段の1つとして子供の中に残ります。つまり、新聞が子供の「生きたツール」となるのです。

資料7　探究的な学習と新聞づくりの関係

探究的な学習のプロセス	新聞づくりのプロセス
①課題の設定	体験調査活動 （体験を通した取材）
②情報の収集	
③整理・分析	情報の整理・分析・吟味
④まとめ・表現	新聞の作成
	地域への発信

3　総合における新聞づくりと国語科をつなぐ

総合のカリキュラム・マネジメントを進める上で、各教科等との関連は重要です。計画の段階で、**年間を通じて総合で育むべき「資質・能力」をつなぐ単元間の関係、総合の内容と関連させられる各教科等の学習内容でつなぐ関係（教科横断的視点）を意識**します。双方のつながりを生み出せるように、総合の活動や教科の学習内容をカリキュラム上で組織的に配列します（資料8）。

資料8の横軸は、年間を通じて総合で育むべき資質・能力を単元でつないでいます。

3年生の総合の年間テーマは、「柏崎の町にチャレンジ」。地域探検を通して、「人・もの・こと」と出会いながら地域の魅力を実感し、新聞記事によってその魅力を伝えることで地域への愛着を育むものです。

資料8の縦軸は、総合の内容と関連させられる教科の単元を学習内容でつないでいます。各教科等で得た知識や技能を総合で使う、逆に総合で得た知識や経験を各教科等で

資料8　年間指導計画における総合と国語科との関係

	4月	9月	10月	11月	12月	3月
総合的な学習の時間		【「私の好きな柏崎」新聞】（個人新聞） ・今までの新聞づくりを振り返る。 ・新聞記者から読み手にわかりやすい新聞について学ぶ。 ・夏休みに取材した「私の好きな柏崎」の情報を基に記事の下書きをする。 ・記事の見出しを考える。 ・新聞をつくり、友達と交流する。	【柿団地新聞】（学級新聞） ・柿農園を探検するために、知りたいことや疑問に思ったことを話し合い、課題意識をもつ。 ・柿農園を探検し、おすすめを見付ける。 ・情報を交流し、情報を整理したり分析したりする。 ・書きたい記事ごとにグループをつくり、新聞記事を書く。 ・新聞を発行し、地域からの感想をもらう。	【米菓工場新聞】（グループ新聞） ・米菓工場を探検するために、知りたいことや疑問に思ったことを話し合い、課題意識をもつ。 ・米菓工場を探検し、おすすめを見付ける。 ・情報を交流し、吟味したり分析したりする。 ・米菓工場新聞をつくる。その際、グループで取り上げたい内容を決め、記事を分担して書く。 ・グループで記事の内容を吟味し、見出しや紙面構成を考える。 ・新聞を発行し、地域から感想をもらう。		
国語科		「わかりやすく書こう」 ・文章を吟味し、事柄ごとに段落を分けて書いたり、修飾語を効果的に使いながらわかりやすい表現に書き換えたりする。		「説明書をつくろう」 ・説明書を書く目的や読む相手を明確にした説明文を書く。		

「育成を目指す資質・能力」に結び付けるといった双方向性が特徴です。ここでは、国語科の学習内容を中心に、総合の新聞づくりをどのように関連させ、教科横断的なつながりを生み出していくかを見ていきましょう。

新聞づくりの中心は、記事を書くことです。内容の面白さや正確さはもとより、読者にとってわかりやすい文章が求められます。

夏休み前までに3号の新聞を発行してきた子供たちは、新聞づくりにも慣れてきたころでした。そこで、夏休み明け、9月の総合では新聞をよりよいものにするために、国語科「わかりやすく書こう」の学習内容と関連させました。国語科では文章を吟味し、事柄ごとに段落を分けて書いたり、修飾語を効果的に使いながらわかりやすい表現に書き換えたりすることを学び、その知識や技術を、新聞

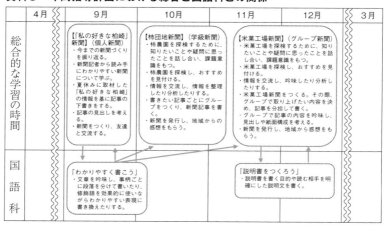

記事を書く上で生かしていきます。

文章の中身は、自分たちの総合での学習に直結しており、今までと同様に読者がいるわけですから気を抜くわけにはいきません。まさに教科を通して体験と言語がつながる場面です。この国語科の学習は、その後の記事作成でもたびたび関連させていきました。その際、地域の新聞記者をゲストに招き、記事を書く上での留意点も学びました。

11月の総合では地域の米菓工場を取材し、その魅力に迫りました。そこでの新聞づくりでは、国語科「説明書をつくろう」の学習内容と関連させました。国語科で学んだ説明書を書く目的や読む相手を明確にした説明文の書き方を生かして、工場で実際に見聞きした米菓のつくり方を説明する記事を書いたのです（**資料9**）。また、縦書きの新聞紙面の中に、横書きの記事を載せることで、紙面構成のバリエーションも増えていきました。

このように、カリキュラム表を使って、総合と国**語科を意識的に学習内容でつなげることによって、授業時数など学びの量と質の双方、国語科の学習と教科横断的な学習の双方を充実させ、より多面的に**

資料9　国語科の学習内容と関連させた新聞記事

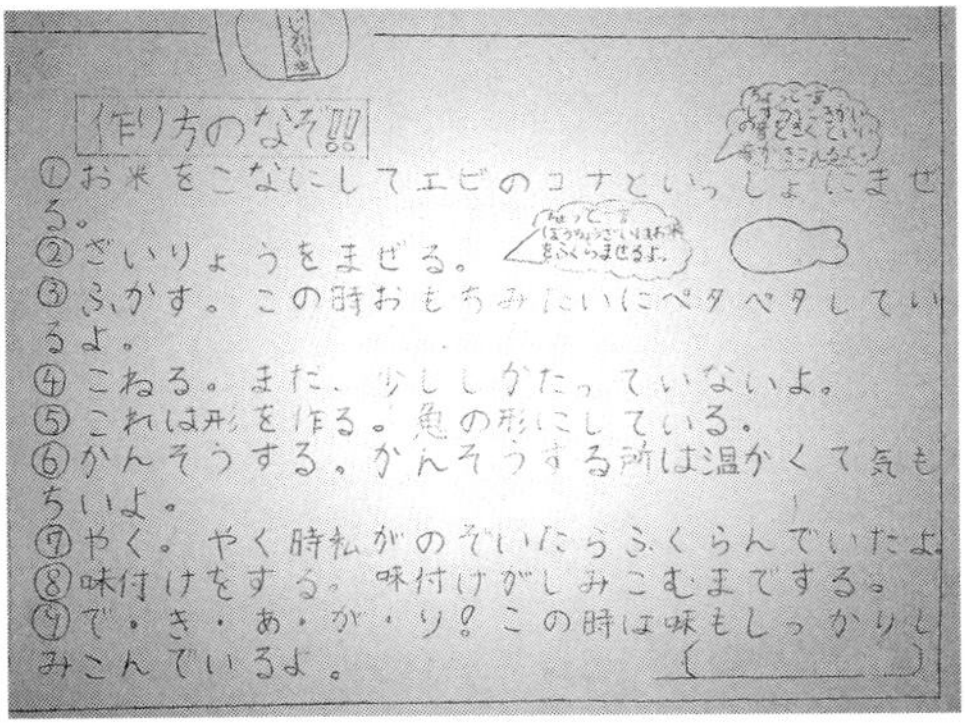
作り方のなぞ!!
①お米をこなにしてエビのコナといっしょにまぜる。
②ざいりょうをまぜる。
③ふかす。この時おもちみたいにベタベタしているよ。
④こねる。まだ、少しかたっていないよ。
⑤これは形を作る。魚の形にしている。
⑥かんそうする。かんそうする所は温かくて気もちいよ。
⑦やく。やく時私がのぞいたらふくらんでいたよ。
⑧味付けをする。味付けがしみこむまでする。
⑨で・き・あ・が・り!この時は味もしっかりしみこんでいるよ。

子供の資質・能力を伸ばすカリキュラムとなるようにマネジメントしていったのです。

4　新聞づくりのプロセスの実際

ここでは、昔から地域に親しまれてきた米菓をつくる米菓工場を学習対象に取りあげた3年生の実践例を中心に、体験と言語をつなぐ新聞づくりのプロセスを見ていきます。子供たちは総合のテーマに迫るために地域の魅力を「おすすめ」と表現します。これまで子供たちは、地域探検と取材を通じて、こうした「おすすめ」をたくさん見付け、新聞にまとめて地域に発信してきました。この過程を繰り返すことで、地域の魅力に気付き、そのよさを実感して、地域への愛着を深めていきました。

なお、この米菓工場は、１００年以上続く老舗です。こうした目に見えない老舗の伝統に出会うことが、子供たちにとって、地域の魅力を多面的にとらえ、広げる上で重要な要素だと考えています。

A　体験調査活動

①**【課題の設定】**　米菓工場で知りたいこと、気になることなど、取材を通して解決したいことを出し合い、子供たちの課題意識を明確にします。個人思考だけでもよいのですが、友達と課題を共有することで、個々の課題意識が高まったり更新されたりするので、取材において主体的な行動を引き出すことにもつながります。

②【情報の収集】取材先で体験を通して見たり聞いたりしながら、諸感覚を十分に働かせて情報を集めます。得られた情報はどんな内容でもメモをとるよう指導します。どの情報が「おすすめ」のネタとなるか、わからないからです。

③【振り返り】取材を終えたら、自分の取材活動を振り返り、作文にまとめます。獲得した情報を言語化することで、知識として定着させるためです。また、学級で情報の共有化を図ることも、個々の曖昧な情報を確認する上で有効です。

B　情報の整理・分析・吟味

①【個による情報の整理】自分の取材メモを基に情報を整理します。このとき、情報カード（資料10）を活用します。「1カード1情報」を原則にカードに情報を書き出します。また端的な表現を心がけることも、後に記事を書く上でポイントです。

②【協働による情報の整理・分析】「編集会議」と称し、協働的に情報を整理します。ここでの作業が重要です。なぜなら、この段階での子供たちの情報は混沌とした状態だからです。雑多な情報の中身を分析しながらカテゴリー名を付けて整理します。例えば、「米菓工場の機械について」「働く人について」などです。分類の際に、模造紙に情報カードを貼り付けて整理しておくことで、子供たちが次の記事を書くときの情報クラ

資料10　情報カードの例

情報カード

図

情報の内容（文章で）

名前（　　　　）

ウドとなります。

C　新聞の作成

①【記事にする内容の選択】カテゴリー化した情報から新聞の記事にする内容を決めます。子供たちは、新聞を通して一番伝えたいおすすめの情報を選び出さなければなりません。グループ新聞や学級新聞であれば、記事にする情報を何にするか、一面記事の順番や紙面構成をどうするかを話し合う必要があり、対話的な学習場面を多く設定できます。また、思考ツール（資料11）などを用いて記事の情報を再度検討すること、内容を練り上げることも、有効な学習活動となります。

資料11　思考ツールによる記事の整理

②【記事の執筆】記事の文章は、互いに吟味したり推敲したりしながらよりよいものにしていきます。足りない情報は、模造紙に貼り付けているクラウド化した情報カードの中から収集して記事に生かします（資料12）。誤字脱字、既習の漢字を使用しているかなどを互いにチェックし合うことで、総合の時間を通して子供の言語感覚を磨きます。

③【紙面づくり】紙面構成を基に新聞を完成させます。

写真、図や表、時には4コマ漫画など取り入れると、子供たちはいっそう楽しく学習に取り組みます。

D　地域への発信

完成した新聞は、校内や家族、地域に配布します（資料13）。また、新聞にアンケートを添付し、読み終わった感想を読者に記入してもらうこともおすすめです。

このように、読者との交流が、子供たちの励みとなり、自己有用感を高めるとともに、次の新聞づくりの改善意欲へとつながりました。新聞づくりが、子供と地域をつなぐ大切なコミュニケーションの場となっていったのです。

（田中　文健）

資料12　情報カードを確認して記事を書く

資料13　完成した新聞の一面

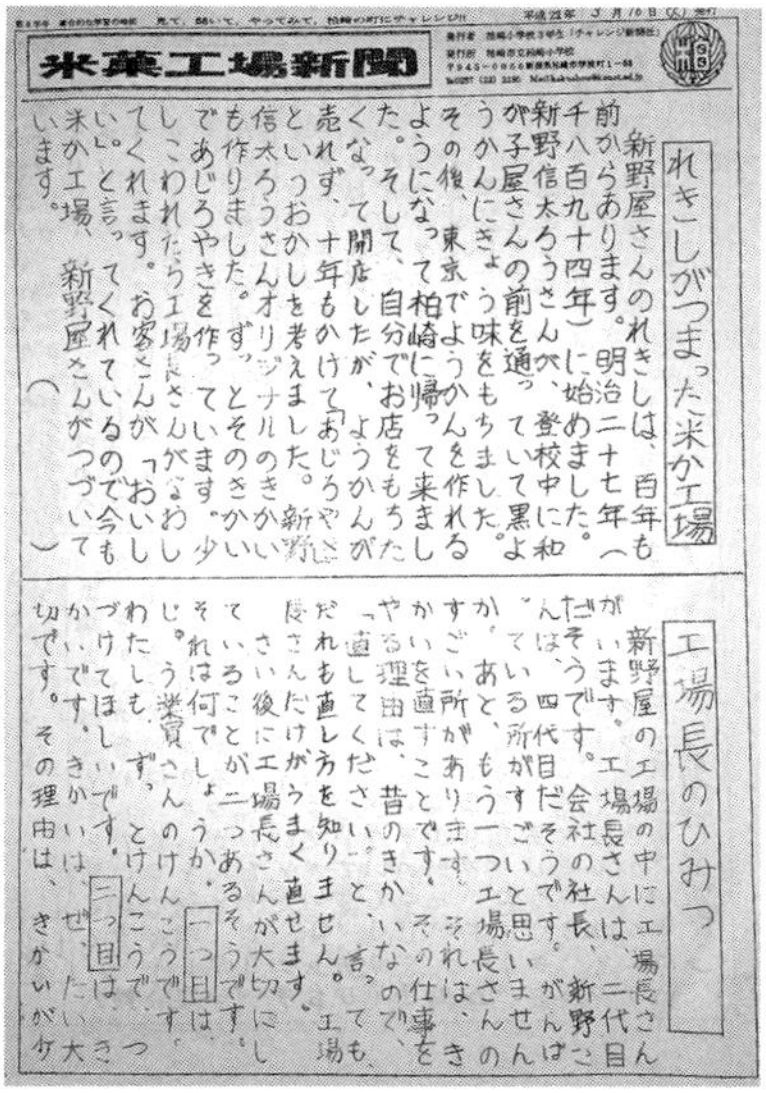

米菓工場新聞

れきしがつまった米か工場

新野屋さんのれきしは、百年も前からあります。明治二十七年（千八百九十四年）に始めました。新野信太ろうさんが、登校中に和が子屋さんの前を通っていて黒ようかんにきょう味をもちました。その後、東京でようかんを作れるようになって柏崎に帰って来ました。そして、自分でお店をもちたくなって開店したが、ようかんが売れず、十年もかけて「あじろやき」というおかしを考えました。新野信太ろうさんオリジナルのきかいも作りました。ずっとそのきかいであじろやきを作っています。少しこわれたら工場長さんがなおしてくれます。お客さんが「おいしい」と言ってくれているので今も米か工場、新野屋さんがつづいています。（　）

工場長のひみつ

新野屋の工場の中に工場長さんがいます。工場長さんは、二代目だそうです。会社の社長、新野こ[illegible]ている所がすごいと思いませんか。あと、もう一つ工場長さんのすごい所があります。それはきかいを直すことです。その仕事をやる理由は、昔のきかいなので、「直してください」と言っても、だれも直し方を知りません。工場長さんだけがうまく直せます。さい後に工場長さんが大切にしていることが二つあるそうです。それは何でしょうか。一つ目は、じゅう業員さんのけんこうです。わたしも、ずっとけんこうでつづけてほしいです。二つ目はきかいです。きかいは、ぜったい大切です。その理由は、きかいが少

総合的な学習の時間での体験を国語科の表現につなぐ

「言葉の力」は、すぐに身に付くものではありません。子供たちが繰り返し言語活動を積み重ねることで、段階的に高まっていくものです。加えて、学んだことを活用する場面が必要です。その活用の場として有効なのが総合的な学習の時間（以下、総合）です。総合と各教科等との関わりを図ることの大切さがここにあります。

総合において、各教科等で身に付けた資質・能力を活用することによって、資質・能力はより確かなものになり、いっそう生きて働くようになります。また、総合での学習活動やその成果が、各教科等の学習活動へのモチベーションを高めます。

ここでは、総合を通じて生まれた子供の思いをもとに、年間を見通して段階的に取り組んだ6年生の実践を紹介します。

1　豊かな体験から生まれる思いのこもった表現

体験を通して感じた「伝えたい」という思いをもとに展開した活動は、子供たちに真剣さをもたらし、学習が自分ごととなります。そして、真剣に考えたものだからこそ、「伝えたい」という思いがよりいっそう強くなるのです。

このような子供たちの「伝えたい」という思いは、「自分たちの思いを伝えて、○○になってほしい」という目的意識と、「○○に知ってもらいたい」という相手意識をはっきりさせてくれます。目的意識と相手意識が明確になると、今度は「より工夫して表現したい」「より効果的に表したい」という表現への意欲が高まります。これは、体験と言語活動の双方を充実することによって、子供たちの潜在的な資質・能力が引き出されることを示しています。

2 「育成を目指す資質・能力」を明確にする

言い換えると、体験と言語活動の双方を充実させるには、「育成を目指す資質・能力」を明確にした上で、最適な活動を選定することが大切です。そうすれば、資質・能力を確実に高める効果的な授業をつくることができます。

これから紹介する実践では、「育成を目指す資質・能力」として、コミュニケーション力（言語運用力・傾聴力・対話力）、創造性（発想力・表現力）、共生的な態度（人間関係形成力）の育成を強く企図しています。

この実践を通して、子供たちのこれまでの活動や学び、日々の姿から資質・能力を明確化します。その上で、「教科横断的な視点に基づいて、どのように資質・能力を育んでいけばよいか」という観点から、望ましい年間カリキュラムの姿を検討していきます。

3　各教科等との関連を考えた年間カリキュラムの作成―資質・能力を段階的に高める

子供たちの資質・能力を育むために、年度当初に各教科等との関連を考えながら、年間カリキュラムを作成します。その際には、子供の思いが、どの時期に、どんな活動を通して、どんなふうに高まっていくかを予見することが大切です。そこで、年間を見通した活動をどのように展開し、子供の資質・能力を段階的に高めていくかを考えます（資料14）。

本実践では、主に国語科と総合をどのように関連付けるかに重きを置きます。年度当初に、対象のもつ総合性や活動の多様性から、総合のテーマを「和食」としました。和食は、「食」だけでなく、「文化」という点でも活動の広がりが期待できるからです。

そこで、「上越のＰＲ活動」を設定しました。総合で高まったり、深まったりした思いをもとに言語活動を展開することで、より思いのこもった豊かな表現へとつなげ、子供たちの資質・能力を育成するというイメージです。

ここで考えたのが、上越のよさを伝えるキャッチフレーズを絵手紙やちらし等に表し、それを相手に伝えるという活動です。子供の思いを実現できる言語活動で、かつ、子供の創造性やコミュニケーション力、共生的な態度が生まれると期待しました。

資料14　年間カリキュラムの作成

月		4	5	6	7	9	10	11	12	1	2	3
国語					自分の思いを伝えよう ○上越PRキャッチフレーズを考えよう		自分の思いを伝えよう ○上越PRキャッチフレーズを考えよう ○上越PRチラシをつくろう ・文化祭、宿泊体験学習				自分の思いを伝えよう ○上越PRキャッチフレーズを考えよう ・上越PRご膳 ○上越PRチラシをつくろう ・北陸新幹線開業イベント	
総合	和のこころ「食」 〜上越再発見〜	「和食」から知る上越 「知ろう上越・さぐろう和のこころ」 ・上越の特産品調べ ・「ユネスコ無形文化遺産」を調べよう ・私の考える「和食」とは…? ・「和のこころ」とは…? ・「和食」を味わってみよう		「上越PRご膳」から考える上越 考えよう「上越PRご膳」 ・上越の特産品調べ ・日本の文化を調べよう ・上越のよさを伝える和食の考案・交流 ・上越のよさを伝える和食を作る・試食する		考えよう「上越PRご膳」 ・上越の特産品調べ ・日本の文化・歴史・和のこころを調べよう ・上越のよさを伝える和食の考案・改良 ・上越PR文を書こう ・上越のよさを伝える		文化祭で伝えよう	和の文化に学ぶ 〜宿泊体験学習〜 新たな視点から「和食〜日本文化〜」を見つめる	「上越PRご膳」から上越再発見 「上越PRご膳」を通して上越をPRしよう 自分たちの思いのつまった「上越PRご膳」を提案しよう ・地域の方・お店の方へPRする ・提案に向けて準備する ・お店の方とのかかわりを通して知る社会 ・PR活動を通して上越を見つめる ・「和のこころ」を通して自分を見つめる ・上越に生きる自分を見つめる		

絵手紙やちらし、ポスター等、表現の様式や伝える相手、場はそれぞれに違いますが、年間を通して繰り返し学習することで、子供たちの資質・能力を段階的に高められるように、カリキュラムの中に位置付けます。

4　必然性のある「活用」でつなぐ

総合は、各教科等で身に付けた資質・能力の活用の場です。それとともに、総合で活用された学びは各教科等にフィードバックしていきます。このような各教科等と総合との相互の関連性を明確にします。

子供たちの思いのこもった絵手紙やちらしは、宿泊体験学習先の東京や、学校の文化祭で手渡しします。絵手紙やちらし・ポスターは、相手に自分の思いを伝えるものなので、必然的に目的意識・相手意識が高まります。

また、伝えた相手からの反応や感想が返ってくるように仕組みます。絵手紙やちらしに返信用のアンケート等を貼付しておき、子供たちの元に届くようにします。すると、自分たちの学びのよさを実感したり、再確認したりして、「私たちが学んだことが役に立った」と、子どもたちは学びの有用感を得ます。それが、次の活動へ思いをつなぐ動機付けとなります。このように活動展開を具体的な子供の姿でイメージすることによって、カリキュラムの位置付けに必然性が生まれます。

5 体験から生まれた思いをもとに、「育成を目指す資質・能力」を高める

次に、「上越のPRをしたい」という子供たちの思いをもとに活動を展開した「6年『自分の思いを伝えよう』上越PR」の実践から、体験と言語をつなぎ、段階的に資質・能力を高めていくプロセスを紹介します。

これまで「上越をPRしたい」という思いで上越のよさを表す創作和食づくりに取り組んだり、「上越PRキャッチフレーズ」入りの絵手紙やちらしを作成して配布したりしてきました。繰り返し取り組んできた創作和食づくりでは、地元の料亭の協力の元に商品化されました（資料15）。

A 「育成を目指す資質・能力」に応じた言語活動の設定

キャッチフレーズを考える活動は、言葉の特徴やきまりなどの知識・技能面で力を高められる言語活動となります。また、言葉を厳選する過程で思いが込められるため、たくさんの人に知らせたいという気持ちがよりいっそう高まります。

よりよいものにするために吟味するという活動では、必然的に対話が生まれます。このような活動は、根拠や理由を明らかにして自分の考えを述べたり、他者の考えを受け止めたりする姿につながっていきます。

さらに、でき上がった絵手紙やちらしを配布する場を設けることで、他者や社会と積極的に関わる子供たちの姿につながる（コミュニケーション力の発揮）ことも期待できます。

B　資質・能力を育む課題解決のプロセス

子供たちが主体的に学習活動を展開し、次のプロセスを通じて自ら資質・能力を高めていくことを重視しました。

①【課題の設定】総合の活動での思いや感じたことについて交流し合い学習計画を立てる。

②【情報の収集】身の回りのポスターやちらし、友達の作品等から、表現の工夫に着目しながらキャッチフレーズを見付ける。

③【整理・分析】集めたキャッチフレーズを言葉の使い方の観点から分類・整理する。

資料15　上越ときめき膳

④【表現】「上越PRキャッチフレーズ」を創作し、推敲する。

⑤【まとめ・表現】宿泊体験学習や文化祭、行事などで配布して伝える。

このように、本実践では、上記の③④⑤を大事にして、子供の資質・能力を高められるように考えました。特に、③の［整理・分析］の場面では、身の回りのちらしやポスター、友達の作品等から子供たち自身が見付けた表現の工夫を「表現の効果」と「例」とともに掲示しました（資料16）。工夫を見付けるたびに増えていくので、子供たちにとっては使えるアイテムが増えていく感覚だったようです。これらのアイテムにはその特徴をとらえた「ズバババン！」（体言止め）という子供らしい名前がつきました。これらは、推敲する際の観点ともなりました。

このような実践を通して、国語科の学習でも探究のプロセスを意識した教育活動を取り入れることで、子供の学ぶ姿がより主体的になっていくことがわかってきました。

資料16　心をつかむ表現の工夫

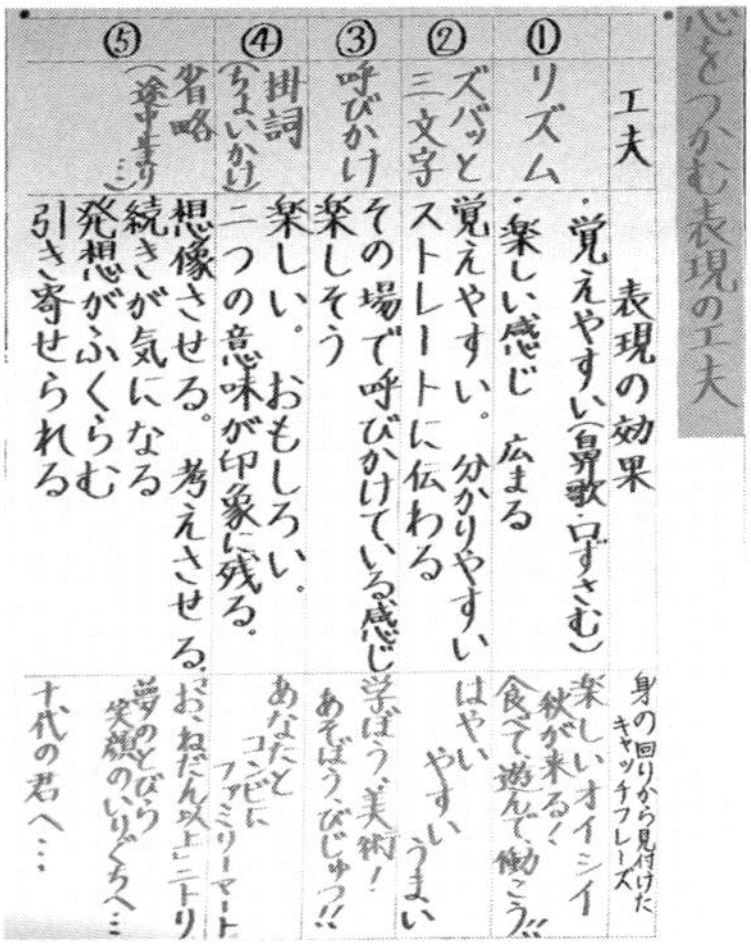

C　資質・能力を段階的に高めていく

各単元で、場や相手、表現の様式は異なりますが、「上越をPRする」というテーマを1本の線としてつなげる年間を通した活動です。「上越PRキャッチフレーズ」の創作活動では、年間カリキュラムのうち、前半（2学期まで）の活動は主に個人での創作活動に、後半（3学期）の活動は集団での創作活動になるようにしました。また、年間を通して「表現の工夫」を集めていったので、子供たちは次第に言葉に敏感になっていきました。

集団での創作活動では、キャッチフレーズを吟味するという活動を設け、必然的に対話が生まれるようにしました。その結果、対話を通して、新しい価値を獲得したり、これまでの学びを再確認したりするような「深い学び」につながっていきました。

1学期のころはなかなか声をかけられなかった子供たちも、実際に絵手紙やちらしを配布する3月の北陸新幹線開業イベントでは、道行く人に嬉々として声をかける姿がありました。繰り返し学習することで、活動に見通しをもち、自信をもって取り組むことができるようになったのです。

このような姿を引き出すことができたのも、「育成を目指す資質・能力」を明確にしたこと、そして資質・能力を発揮する場を繰り返し設けたことの成果だと考えています。

（大岩　恭子）

カリキュラムの単元間のつながり

1　単元をつなぐとは？

単元をつなぐとは、子供の思いや願いを大切にして、異なる単元同士を一連のつながりで考えることです。生活科や総合的な学習の時間では、年間を通して様々な単元を位置付け、子供の学びを深めていきます。

このとき、異なる単元間で子供の意識や活動がつながっていないと、対象との関わりや学びは深まっていきません。だからこそ、単元と単元のつながりを考え、長期的な視点でカリキュラムをマネジメントすることが大切なのです。

2　単元をつなぐよさ

単元をつなぐよさは、長期的なカリキュラムの中で、子供一人一人が多様な個性を発揮し、実感のある学びを獲得できることにあります。

単元をつなぐことで、対象との関わりや学びが連続・発展していきます。その結果、子供の思いや願いは、さらに膨らんでいきます。自己選択・自己決定を繰り返しながら、深く考えようとする姿や、主体性をもって自ら動き出す姿が生まれます。自分の思いや願いを表出していくことで、子供は、満足感や達成感を得ることができます。この一連の過程（プロセス）が、子供の深い学びにつながっていきます。

3　どのように単元をつなぐのか

子供の思いや願いをもとに単元をつなぐ際、目の前の子供の姿や対象のもつ特性をとらえ、それらに応じた教師の働きかけが必要です。

例えば、生活科における動植物の飼育栽培活動では、継続的な関わりを通して対象の変化に気付き、対象や自分自身の生命・成長を実感できるようにします。

遊び場づくりの活動では、対象となる遊び場を試行錯誤しながらつくり、さらに、つくり変えていくことを通して、対象とともに仲間との関わりも広がっていけるようにします。

総合的な学習の時間では、子供の発達の段階や対象の特性に応じて、人との関わりも、身近な仲間から地域や社会へと広がっていくようにします。

対象のもつ特性によって子供の姿や学びは異なります。そのため、子供の姿を見取りながら単元をつなげていくことが重要です。

（甫仮　直樹）

「もっとこうしたい」という子供の思いから生活科の単元をつなぐ

生活科の学習では、子供自らが主体性や社会性を発揮して、飼育栽培活動や遊び場づくりの活動に没頭する姿が見られます。

例えば、飼育している山羊のために自分でクズの葉を取って来てえさやりをしたり、休み時間に友達と力を合わせて小屋の掃除をしたりする姿から、子供の主体性や社会性の発揮をうかがい知ることができます。

子供は、様々な対象とどっぷり関わることで、「こうしたい」「もっとこうしたい」という思いや願いをもちます。そうした**子供の思いや願いをもとに単元をつなぐことで、子供が対象とじっくり関わって追究を進め、問題や課題を解決しようと仲間と協力して活動したり、自ら追究を深めたりする姿が生まれる**のです。

1　子供の思いから単元をつなぐ

平成27年4月の中央教育審議会教育課程企画特別部会「今後の教育課程の在り方について（これまでの議論等の要点のまとめ）」では、次のように提起されています。

〈育成すべき資質・能力についての基本的な考え方等〉

我が国の児童生徒については、学習意欲や自立の意識に課題があることを踏まえ、単なる受け身の教育ではなく、主体性を持って学ぶ力を育てることが重要であり、リーダーシップや、企画力・創造力などのクリエイティブな能力、意欲や志を引き出す指導についても特に重視していく必要がある。

〈学習活動の示し方や「アクティブ・ラーニング」の意義等〉

基礎的な知識・技能を習得するとともに、実社会や実生活の中でそれらを活用しながら、自ら課題を発見し、その解決に向けて主体的・協働的に探究し、学びの成果等を表現し、更に実践に生かしていけるようにする。

このような提起からも、子供が主体的・協働的に学ぶことで、自ら問題や課題の解決のために動き出そうとする姿が期待されていることがよくわかります。このような主体性や社会性の発揮を促すために、子供の思いから単元をつなぐ必要があるのです。

2　主体性や社会性を発揮している子供の姿

「ぼくがつくった電線ドラムのタワーに登ってみてください。とっても楽しいですよ」

「わたしのおすすめは、タワーの電線ドラムがグラグラするところです」

これは、自分たちのつくった遊び場にお客さんを招待する活動での子供たちの発言です。

子供は、自分がつくった遊び場を他の学年の子供や保護者に一生懸命説明します。子供は、自然と遊びの説明や呼び込みの声に力が入っていきます（資料1）。このような姿はなぜ生まれるのでしょうか。それは、子供たち自身が、試行錯誤を続け、友達と共につくりあげてきた遊び場だからです。

子供の姿からは、「自分たちの自慢の遊び場をいろいろな人に楽しんでもらいたい」「遊び場の楽しいところをたくさん伝えたい」などの強い思いがうかがえます。子供の「こうしたい」「もっとこうしたい」という思いや願いをもとに、単元をつなぐことで生まれる姿です。これはすなわち、主体性や社会性を発揮している子供の姿です。

資料1　思いが子供を突き動かす

3　「自分たちの遊び場をつくりたい」という思いを引

き出すために

子供の主体性や社会性の発揮を促すためには、まず「自分たちの遊び場をつくりたい」という思いや願いを引き出す必要があります。

そこで、子供が常に通えるグラウンドの一画を活動のフィールドに設定し、5月から12月まで長期間活動ができるようにカリキュラムをデザインします。

その際、活動に向かう子供の姿を教師が具体的に思い描いておく必要があります。例えば、ある学校の校庭の一画は、鉄棒や土管などの遊具があり、大小様々な樹木も生えていました。子供の活動が多様に広がることを考え、この場を活動のフィールドに設定したのです。

活動がはじまると、子供は、樹木に登ったり、鉄棒にぶら下がったりして遊びに夢中になります。そして、何度も遊んでいるうちに、この場所は「自分たちの居場所だ」という意識が芽生えます。すると、ただ遊具を使って遊ぶだけではなく、「こんな遊び場があったらいいな」「こんな物もほしい」という声があがるようになります。

4 「遊び」から「遊び場づくり」へ単元をつなぐ

「こんな遊び場があったらいいな」「こんな物もほしい」という子供の思いや願いを受けて、遊び場づくりの活動へとつなげていきます。実際に遊び場をつくりはじめる前に、子供一人一人がつくりたい物をカードに絵や言葉で表現します。

　子供は、「ターザンロープ」や「ブランコ」「滑り台」「シーソー」「砂場」「ジャングルジムのお城」「家（秘密基地）」「休憩所」「花畑」「ザリガニや魚がすむ池」「動物園」など、自分たちがつくりたい物を考えていきます。

　そのときに子供が考えた遊び場のすべてをつくるというわけではありません。活動を重ねていくうちに、子供の思いや願いは変化するからです。試行錯誤を繰り返すうちに、最初に考えていた遊び場とはまったく違う物ができあがることもあります。

　ここで重視したいことは、活動に取り組む前に、子供一人一人が大まかなイメージをもち、それを全体で共有することで、「ぼくにもできそうだな」「早くやりたいな」という見通しをもたせることです。

　遊び場づくりの活動内容は、子供の自己選択・自己決定に任せ、活動時間を十分に確保して、対象や友達とじっくり関われるようにします。

　遊び場をつくるための材料は、子供の求めに応じて、少しずつ増やしていきます。グラウンドにあった丸太と木材を組み合わせてシーソーをつくる子、樹木の枝にロープを結んでブランコをつくる子、支柱とブルーシートで秘密基地をつくる子…。子供たちは、遊び場づくりの活動にどっぷりと浸っていきます。

　さらに、ある程度活動が進んできたところで、電線ドラムやビール瓶ケース、古タイヤなど、子供の発想からは出てこない材料も準備し、遊び場の近くにそっと置いておきます。

すると、新たな材料を見付けた子供は、今までの材料と組み合わせて、新しい遊び場をつくりはじめます。例えば、ビール瓶ケースと木材を使った滑り台（資料2）やバランスゲーム（資料3）、大きさの異なる電線ドラムを重ねたタワー、ジャングルジムに木材を敷いたお城（資料4）などです。

資料2　ビール瓶ケースと木材の滑り台

資料3　木材の上を進むバランスゲーム

資料4　ジャングルジムのお城

新たな材料と出会うことで、子供の発想はより豊かになり、様々な遊び場が生み出されます。活動がダイナミックになるうちに、子供1人だけでつくるのではなく、小グループを形成して、協力してつくっていく姿に変わっていきます。

また、どのタイミングでどのような材料と出会わせるかは、子供の姿を見取りながら決めていきます。活動内容は子供の自己選択・自己決定に任せ、どのような材料と出会わせるかに教師の思いを込めていきます。

5 「遊び場に来てもらいたい」という思いが新たな単元をつなぐ

子供は、自分の遊び場ができあがってくると、何度も何度も繰り返し遊ぶようになります。そして、さらに改良を加えて、より楽しい遊び場をつくっていきます。また、自分のつくった遊び場に友達を呼んだり、友達の遊び場を楽しんだりする姿も見られるようになります。

教師は、そんな子供の姿をとらえて、遊び場をつくる活動、友達の遊び場を楽しむ活動を意図的に設定します。友達の遊び場で遊ぶことで、自分の遊び場に使えそうな工夫を見付けたり、自然と交流が生まれたりする姿を期待することができます。

「バランスゲームは木から落ちないように進むのがドキドキするね」

「ジャングルジムのお城は見張り台やベッドもあるんだって。すごいね」

友達から褒めてもらった子供は、どの子も満足そうな笑顔を浮かべます。そして、自分の遊び場に対して自信を深めていきます。

すると、作文シートなどで「自分たちがつくった遊び場をいろいろな人に紹介したい」「お父さんやお母さんにも遊んでもらいたい」といった記述や、つぶやきが生まれてきます。教師は、そんな子供の作文シートの記述やつぶやきを取り上げ、学年全体に伝えます。このようなプロセスを経て、自分たちのつくった遊び場にお客さんを招待する活動へと発展していったのです。

子供たちは、お客さんを招待するためにはどのような準備が必要かを考えたり、実際に準備を進めたりしていきます。「遊び場に来てもらいたい」という子供の思いや願いが、共通の目的のもとに学年全体で活動に向かう姿を生み出します。

友達との関わりに目を向けると、（活動が進むにつれて）個人→小グループ→集団へと関わりの範囲が広がっていきます。活動の広がりが、友達同士の関わりに影響を及ぼします。この点から、**必要感のある活動は、子供の主体性や社会性の発揮を引き出すこと**がよくわかります。

実を言うと、4月の構想段階で、教師は「遊び場づくりの活動」から「遊び場にお客さんを招待する活動」へと単元をつなげていくことを想定していました。しかし、教師からいきなり、「遊び場にお客さんを招待しよう」と投げかけては、子供の意欲や必要感を引き出すことはできません。

単元をつなぐ接着剤は、子供の「こうしたい」「もっとこうしたい」という思いや願いです。それらがあってこそ、友達と協力しながら本気になって自ら活動に向かう子供の姿が生まれるのです。そして、教師は、子供の活動している様子を見取り、つぶやきに耳を傾け、作文シートの記述を丁寧に読み取ることで、子供の意識をつなげることができるし、最もよい形で単元を進めていくことができます。

各単元の目標や内容を踏まえながら、**子供の思いと教師の思いを組み合わせることが、子供と教師が共につくるカリキュラム**だといえるでしょう。

（甫仮　直樹）

『えほん　いのちのあさがお』を通じて生活科の単元をつなぐ

「私も命のあさがおを育てたい」と子供がつぶやきました。「思いや願い」が生まれた瞬間です。子供は常に様々なものを見、聞き、体験しています。その後、あさがおの種を蒔いたことで満足してしまい、やがて世話や観察を忘れてしまう…。学校でよく見かける風景でもあります。せっかく芽生えた小さな「思いや願い」は膨らまず、しぼんでしまったのです。

現行の『小学校学習指導要領解説　生活編』では、生活科の学習指導の特質の1つに、次をあげています。

児童の思いや願いをはぐくみ、意欲や主体性を高める学習過程にすることである。

中央教育審議会答申「幼稚園、小学校、中学校、高等学校及び特別支援学校の学習指導要領等の改善及び必要な方策等について」（平成28年12月）では、次のように提起しています。

一人一人の思いや願いを実現していく一連の学習活動を行うことにより、児童の自発性が発揮され、一人一人の児童が能動的に活動するようになること、体験活動と表現活動とが繰り返されることで児童の学びの質を高めていくことが重要である。

教師はカリキュラムをデザインする際に、「子供の中に生まれた思いや願い」を大切にします。この教師の願いや思いが、子供の思いや願いを膨らませ、活動が広がり、単元がつながっていきます。その結果、確かな資質・能力が育まれる生活科授業となるのです。

1　子供の様子を見取りながらカリキュラムをつくり替える

4月、子供の入学前に、1年間のカリキュラムをつくりました。季節を楽しむ、羊の飼育、いのちのあさがお栽培の3つの単元を中心とした生活科の授業デザインです。そして、秋の終わりには、あさがおと別れる計画でした。ところが、子供たちは11月になっても「友達になったあさがおを抜けない」と言い出します。そこで、冬休みにあさがおを家に持ち帰らせました。その結果、2月も3月も毎日教室で花を咲かせました。

このような子供の姿を見取りながら、**資料5**のようにカリキュラムをつくり替えてい

資料5　1年間を通じたカリキュラム表

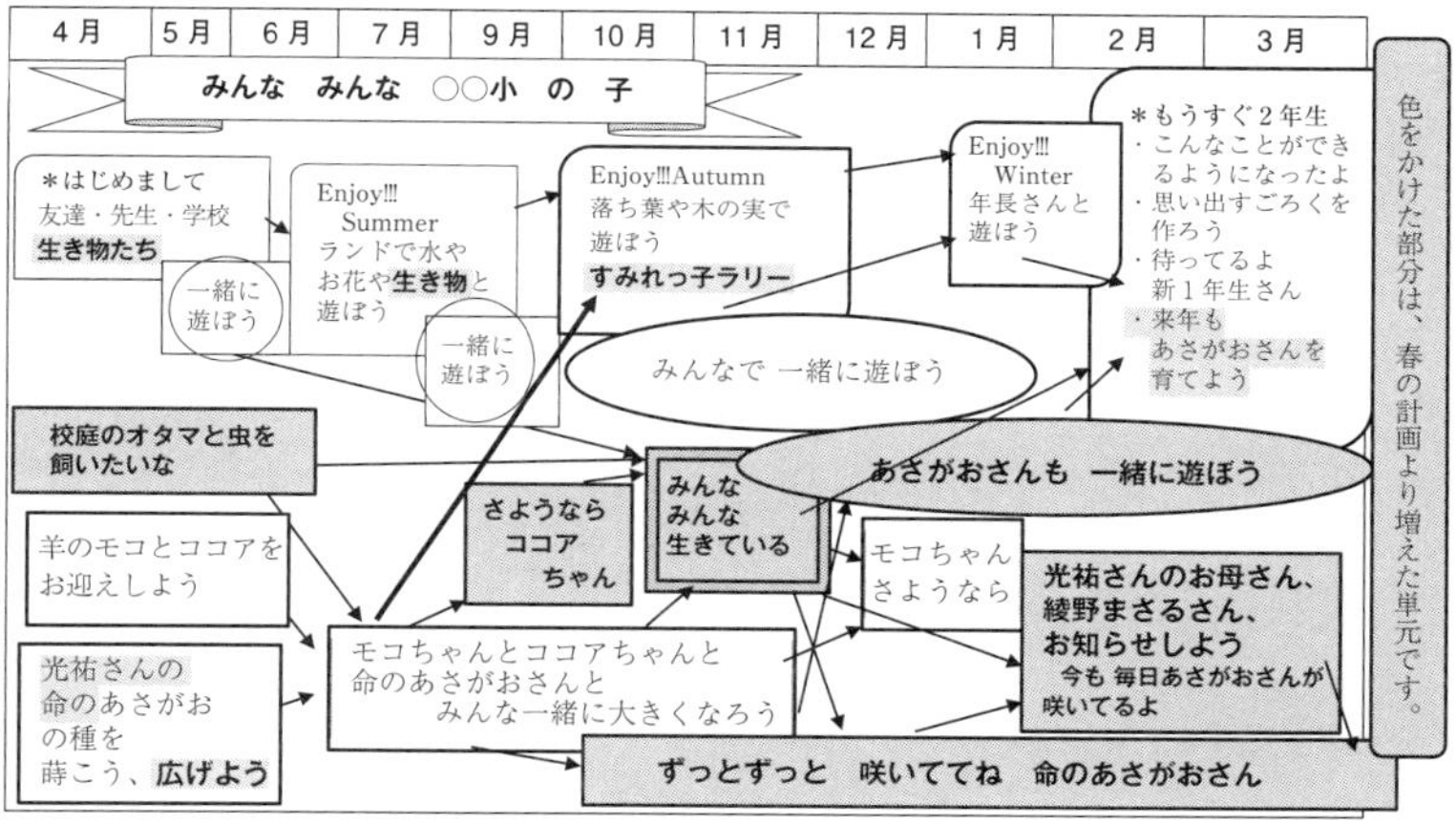

きました。

2年生になっても「生活科であさがおを育てたい」と願い、その種で5年生や6年生になっても学級や委員会で育て続ける子供たちでした。

「いのちのあさがお」への彼らの思いや願いは、なぜそれほどまでに強く豊かになっていったのでしょう。

2　あさがおと子供をつなぐ

教師は、羊とあさがお、どちらも大切に心を込めて世話をする子供に育てることを願っていましたが、羊の飼育や校庭で季節を楽しむ遊びをはじめたら、あさがおに目が向かわなくなるかもしれないことが心配でした。そこで、あさがおと子供をしっかりつなげたいと考え、4つの手立てを講じました。

A「いのちのあさがお」との出会いの演出

4月半ば、3日間かけて『えほん　いのちのあさがお』を読み聞かせました。子供たちは「光祐さんのあさがおを育てて、たくさんの人たちに広げたい！すぐ電話して種をもらって！」と口々に言いました。

B　あさがおの鉢を子供たちの登校時の動線上に

校門と児童玄関の間にあさがおの鉢を置きました。登校した子供たちは、「おはよう、あさがおさん」「早く芽を出してね」と語りかけ観察し、水やりをしました。

C　朝の会「みなさんへのお話タイム」の設定

あさがおについて発表するような指示はしませんでした。けれども、学校で朝一番に目にし、毎日姿を変える自分のあさがおの様子を、子供は伝えたくて仕方がありません。自然にあさがおの発表が増えました。見方がだんだん詳しくなりました。

「5つ種を蒔いて2つ芽が出たので、あと3つ芽が出ます」と数を用いて表現したり、「Aちゃんよりこれくらい大きいです」と友達のあさがおや自分の昨日のあさがおと比較して発表したりする姿も見られるようになっていきました。

D　あさがおとの関わりを作文に書く時間の設定

生活科で、「したこと」「見たこと」「聞いたこと」「感じたこと」などを直ぐに書き表せるように、生活科の次の時間を国語科にしました。活動の振り返りがねらいです。

観察に出る前に自分の作文を読み返す、文を書く前に書きためた作文を読み返すなど、あさがおの成長や自分の活動を考える様子が見られるようになっていきます。

子供たちは「あさがおさん」と呼ぶようになり、子供と「いのちのあさがお」の関わりの深まりを感じる毎日でした。

3　自分への気付きを促す

A　自分を振り返る―あさがおから自分への手紙

6月、羊の親子がやってきました。日に日にあさがおの水やりに手が回らない子供が増えていきます。あさがおが葉っぱをだらんと垂らしたある日、あさがおの前で子供たちに「静かにあさがおさんの声を聞きましょう」と声をかけました。教室に戻って「あさがおさんになって、自分に手紙を書きましょう」と話しました。

次は、Bさんが書いた手紙です。

6月26日　Bちゃん、ひさしぶりだね。はじめのころ、まい日、水をくれてありがとう。とっても、うれしかったよ。でも、このごろ、あんまり、こないよね。ひつじさんがきたもんね。そのきもち、わかるよ。でもね、ときどき、ぼくにも水をくださいな。そうしたら、いっしょうけんめい花をさかせるよ。　きみのあさがおよりどの子供も、自分の気持ちがあさがおに向いていなかったこと、あさがおがとても悲しい気持ちになっていることに気付きました。**直接「あさがおの世話をしなさい」と指示をせず、対象の気持ちを考え、自分を振り返らせるために手紙を書く場面を設定した**ことで、子供は自分なりにどうすればよいかを考える契機になりました。

その後、教師は、羊小屋の帰りにあさがおの世話ができる所に鉢を移しました。羊もあさがおも世話ができるように環境を変えたのです。

どのタイミングでどのように環境を整え、どのように働きかけるかを考えるのは、教師の大切な役割です。

B　自己決定—あさがおのために、自分がよいと思う方法を考える

「台風からあさがおさんを守りたい」と子供が願った日、「あさがおさんが心配な人は、あさがおさんと相談して一番いいと思うことをしましょう」と呼びかけました。校舎に入れる、ビニールを被せて軒下に入れるなど、自分の方法であさがおを守りました。自分で考えて行動し、あさがおを守れたことは、子供に自信と喜びをもたらしました。

このように、**自己決定し行動する経験の積み重ねは、子供が主体性をもって思考し判断する力を培う**ことになります。友達と相談したり友達との考えの違いを受け入れたりしながら、「あさがおさんのために」という共通の目的に向かって考え、協力する姿がそこにはありました。

4 羊とつなげる―命についての気付きを生む

子羊のココアが、事故で亡くなりました。「ココアは死んじゃったけど、私は、生きていると思う」と子供がつぶやくようになりました。そこで、『ココアは今も生きているの？』と問いかけて話し合いをしました。

すると、次のような意見が出ました。

「だって、草も食べたし、うんちもしたし…」
「だんだん大きくなったのは、生きていたって証拠だよ」
「そのことを、モコもぼくたちも覚えているよ」
「だからみんなの心の中で生きていると思う」

このとき、教師は「鳴かないし、食べないし、うんちもしないあさがおさんは、生きている？」と問いかけました。

すると、子供たちは「生きていると思う」と発言し、次々とその理由を語りはじめました。種は赤ちゃん。花はお母さん。あさがおは赤ちゃんが大きくなるときにお母さんがいないから、私たちがお母さんの代わりに世話をしなければいけないこと、人も動物も植物も、みんな赤ちゃんを産みながら命をつないでいることに気付いていきました。

こうした学習のプロセスを経たことで、「だから、葉っぱが枯れてきておばあちゃんになったあさがおを、これからも大切にお世話したい」「2年生になっても3年生になっても咲いてほしい」という思いや願いが膨らんでいったのです。

5　単元をつなぎ、思いや願いが膨らむことで資質・能力が育つ

子供たちは、命のあさがおが咲いていることを『えほん　いのちのあさがお』の作者や作品中のコウスケくんのお母さんに伝えたいという思いをもちました。そこで、「いのちのあさがおが、冬も毎日咲いていることをお知らせしよう」と新しい単元をつくりました。

2人との交流を通して、子供たちは命の大切さを知り、どうしたら命を大切にできるかを考えるようになりました。自分たちがあさがおのためにがんばってきてよかったという思いをいっそう強くしました。そして、2年生になっても、もっと大きくなっても、「ずっとあさがおを咲かせ続けたい」という願いにつながっていったのです。

単元は、子供の思いや願いがつながったり広がったりしていくことで、結果的につながっていくのです。そこには、教師の明確な指導意図があります。

教師は、子供が自分ではまだ意識していない思いや願いに気付き、それが次々とつな

がっていくように環境を整え、行動できるような支援を行います。子供がしたことと実現できたことを自覚できる活動を組みます。それには、子供をより理解しなければなりません。

一人一人の思いや考えを予想し、教材研究をし、その上で授業の準備をします。教師は、子供たちの思いや願いが実現できるように、生活科のねらいに沿って単元の再構成を繰り返します。

飼育栽培単元では、活動を繰り返す中で対象への愛着が生まれます。自分と対象の変化とを結び付けて考えるようになります。活動は繰り返しながらスパイラルに広がります。学びもまた、スパイラルに広がり深まっていきます。

息の長い単元となることで、子供たちは思いや願いをもち、学びを深めることで自己肯定感を高め、成長していくのです。

（仁田　英子）

夢の実現に向け、仲間と社会と関わる総合の実践

次期学習指導要領では、「主体的・対話的で深い学び」を具現するために、学習過程を質的に改善することを求めています。これは、総合的な学習の時間（以下、総合）において、自ら課題を見付け、自ら学び、自ら考え、主体的に判断し、よりよく問題を解決

したり、問題の解決や探究活動に主体的・創造的・協働的に取り組んだりすることと重なる部分が大きいと言えるでしょう。

それでは、「主体的・対話的で深い学び」につながる総合の学習過程をどのように構想し、実践していったらよいのでしょうか。

ここでは、第6学年の総合の単元「弁当から見つめる私　弁当で伝える上越」の事例を紹介します。

1　子供の思いや願いをつかむ

生活科で子供の思いや願いが大切にされてきたように、総合においても、子供の思いや願いは学びの原動力です。

子供の思いや願いは、それまでの生活経験や学び、発達の段階によっても変わってきます。そのため、活動を開始する前に「子供が、今、どのような思いや願いを抱いているのか」を掴むことがとても大切になります。

年度当初、子供は「上越市をPRできる弁当をつくって販売し、上越のよさを広く知ってほしい」という思いを既に抱いていました。なぜそう思うのかと詳しく聞くと、4年生のときの地域との関わり、5年生のときの食の活動での学びが根底にあることがわかりました。「地域と食をテーマにした発信型の活動」のイメージをもっていたのです。「弁当ならば、いろいろな食材やメニューも考えられ、食で地域のよさを伝えることができる」という発想でした。

しかし、子供たちが「上越をＰＲする弁当」を開発して販売したいといくら願っても、現実的には、子供がつくった弁当を販売することはできません。他方、地域の弁当業者にお願いをし、子供が考えた弁当をつくってもらい、それを販売することなら可能です。そこでまずは、子供が弁当づくりの実情を知った上で、「それでもやったみたい」という強い思いがあるかを確かめます。

２　子供の学びをイメージして年間の単元を構成する

「活動を通して子供にどのような学びが生まれるか」を教師がしっかりと思い描くことが大切です。

本実践では、一人一人の子供が自分ごととしてＰＲ弁当開発に携わり、上越をＰＲするためにできることを考えていきます。さらに、子供が共に問題解決を繰り返しながら、思いや願いの実現に向けて仲間や社会との関わりを深めていきます。このような子供の姿を思い描きながら、年間の単元を構成していきます（資料６）。

3　主体的な課題発見・課題解決を促す

まずは、子供の「やってみたい」というわくわくした思いが生まれる体験活動を設定します。実際に体験してみることで、その先の課題が見えてきます。子供が自分たちの課題を見いだしたら、その課題を解決するための場や時間を保障します。次に、集めた情報を生かしたり、自分で見いだした課題を解決したりできるような体験活動を再度設けます。このように体験活動を往還することで、思いや願いの実現に向かって、子供たちは次第に本気で取り組むようになります。まさに課題解決が自分ごととなっていく姿です。

資料6　1年を通じた単元の構成

月	主な学習活動　（四角囲みは単元名）
4	○年間の活動に関する話合い
5	**私の上越ＰＲ弁当をつくろう**
6	・上越ＰＲ弁当づくり（１回目）
	知ろう・探ろう上越
7	・上越ＰＲ弁当づくり（２回目）
8	＊個人研究 上越ＰＲ弁当に関するレポート作成
9	**私たちの上越ＰＲ弁当をつくろう**
	・グループごとによる弁当開発
10	**私たちの上越ＰＲ弁当を食べてもらおう**
11	・文化祭での一試食会
12	・大手オリジナル弁当給食
1	**上越ＰＲ弁当を販売しよう**
	・レルヒ祭に向けた弁当メニューの再考と選定会議
2	・レルヒ祭での弁当販売
3	○年間の活動の振り返り

本実践では、まず子供の「弁当をつくってみたい」という思いを受け、「私の上越ＰＲ弁当をつくろう」という単元に取り組みました。子供は、「どんなメニューにしようかな」と、わくわくしながら弁当を考え、自分でつくります。弁当を食べる際、仲間と見合ったり、おかずを交換し合った

りしながら、調理方法や食材を購入した店などを質問し合います。

弁当づくりの経験などほとんどない子供にとって、弁当をつくることがいかに大変で、時間と手間がかかるのかを実感するよい活動ともなりました。

とはいえ、ただ弁当をつくればよいという実践ではありません。上越をPRする弁当でなければならないのです。子供は、「見た目だけで、本当に上越のよさを伝えられるのだろうか」「もっと自分自身が上越の料理や特徴を知らなければ、上越をPRする弁当をつくれない」と振り返っていました。

弁当のメニューや食材の決定、材料の購入や準備、調理や片付けを1人でやってみることで、上越をPRする弁当の開発に向けた課題が明確になりました。そこで、課題解決のために、「知ろう・探ろう上越」という単元を新たに設定して取り組むことにしたのです。

この単元では、子供の声を受け、スーパーマーケットや朝市に出かけ、地元の食材調べを実施しました。また、市内の駅で販売している駅弁製造の企業を訪れ、駅弁づくりに寄せる思いを聞いたり、実際に販売されている駅弁を食べたりもしました。中には郷土料理や市が認定している郷土野菜を進んで調べる子供もいました。子供たちは上越をPRする弁当づくりに生かそうと、必要な情報をどんどん集めていきました。

情報がある程度集まった段階で、再度「私の上越PR弁当をつくろう」という単元に取り組みました。すると、これまで集めた情報を整理してメニューを工夫したり、地元の食材を求めて休日にも専門店を回ったり、祖母に郷土料理を教えてもらったりするなど、それまでとは段違いと思えるほど活動に広がりが生まれていました。

4　仲間と共につくりあげる

子供が個々に課題をもち、それを解決していくだけでは、学びはなかなか深まりません。仲間と目的を共有し、そこに向かって共に問題解決していくプロセスを教師が意図的につくることが重要になってきます。

そこで、子供が、仲間の多様な思いや考えにふれ、自分との共通点や相違点を把握できるよう、2学期にPR弁当の方向性について全体で話し合いました。しかし、個々の思いは強く、簡単にはまとまりません。

話し合いを重ねた結果、ようやく「上越野菜」「郷土料理」「高田の桜や蓮」「日本海の海産物」「上越のイベント・祭り」の5つのコンセプトに整理されました。そして、その中から各自が1つ選び、グループを組んでメニューを考え、試作品づくりに取り組んでいったのです。

次の段階では、5つのコンセプトを基にしながら、メニューや食材に関する情報を再度収集したり、盛り付け方や色彩のバランス等をグループの仲間と検討し合ったりする学習活動に発展させていきました。

5　第三者に話を聞く

「上越PR弁当」が、さらによりよいものとなるよう追究していくためには、第三者からの意見を聞くことも重要です。他者の意見等によって、子供は自分たちの活動を見つめ直したり、課題を解決したりするためのきっかけとなるからです。

弁当の試作を重ねていくうちに、子供からも「他の人にも食べてもらいたい」という声が多く聞かれるようになりました。そこで、「私たちの上越PR弁当を食べてもらおう」という単元を差し挟むことにしました。

そこで、学校の文化祭では、グループごとにブースをつくり、全校児童や保護者、地域に方に向けた試食会を開催しました。お客さんの試食後のアンケートや生の声を基に、さらにメニューの改善に取り組んでいきました。

次は「大手オリジナル弁当給食※」との連携です。「大手オリジナル弁当給食」では、給食調理員の人数や調理時間、経費の関係から、各グループで考えた弁当メニューのすべてをつくることはできません。そこで、各グループがつくった5つのメニューを題材

※「大手オリジナル弁当給食」―6年生が家庭科学習の一環として栄養面等のバランスを考慮した給食のメニューを考え、それを給食の代わりとして給食調理員がつくり、弁当容器に詰めて全校児童が食べる学校独自の取組。

にして、上越のPR性、全体の彩り、栄養や味のバランス、材料費といった観点から十分吟味し合いました。最終的には、栄養教諭や給食調理員の意見も参考にしながら、各グループの考えを統合して全校に出す弁当のメニューを決定したのです。

6　社会と関わり、夢の実現を図る

3学期に入ると、市内外からお客さんが多数集まる「レルヒ祭（市の冬季イベント）」での弁当販売に向け、具体的に動き出しました。

単元名は「上越PR弁当を販売しよう」です。

販売に向けた弁当メニューの選定会議では、以前から依頼してあった弁当業者の方にも参加してもらいました。業者の方からは、上越のPR性に加え、弁当としての栄養面や味付けのバランス、食材の確保や調理にかかるコスト等、専門的な立場からの意見をもらいました。それらを参考に、さらに議論を重ね、2種類の弁当の製造販売が決定したのです。

弁当の名前は『上越の春を先どり弁当』（資料7）と『海と郷土のもりだくさん弁当』（資料8）となりました。販売価格は、1食にかかった材料費等を業者の方に教えていただき、そこに人件費と容器や箸代、販売手数料等を考慮して検討し、1個800円としました。

資料７　上越の春を先どり弁当

資料８　海と郷土のもりだくさん弁当

弁当販売日までの間は、宣伝用のちらし、弁当の内容を紹介するパンフレットをはじめとして、看板やのぼり旗の作成、弁当箱パッケージのデザインなど、学年全員で分担して取り組みました。

販売当日は、「いらっしゃいませ」「上越のよさがつまったおいしいお弁当ですよ」と、お客さんに積極的に声をかけ、２日間で用意した３５０個すべての弁当を売ることができました。

購入者からの「おしいかったですよ」「見た目もきれいでした」「上越にまた来たくなりました」といった言葉に、満面の笑みを浮かべて喜び合う子供たち。

仲間や社会と関わりながら、夢の実現に向けて活動し、課題解決に取り組んだ結果、子供は学びを深めるだけでなく、その学びを自信や喜びにもつなげていきました。のみならず、広く地域や社会とつながっていったのです。

（長野　哲也）

カリキュラムの教科間のつながり

子供が、他の学習や生活場面においても活用できるような、生きて働く知識や技能を身に付けていくため、新しい学習指導要領では、「主体的・対話的で深い学び」の実現を目指しています。

これまで同様、子供の思いや願いを実現する体験活動の充実、また表現活動を工夫し、体験活動と表現活動とが豊かに行き来する相互作用を意識することや、探究のプロセスを充実することなどが重視されています。そこには、学習活動において気付いたことや感じたことを自分なりの言葉にして表したり、様々な事象と関連付けてとらえようとしたりするなど、「深い学び」が求められているのです。

また、身の回りの様々な人々と関わり合いながら活動に取り組み、伝え合ったり交流したりする「対話的な学び」も重視されています。**伝え合い交流する中で、一人一人の発見が共有され、それをきっかけとして新たな気付きが生まれたり、関係性に気付いたり、概念的知識を形成したりするなど、学びの質を高めていく学習**です。

生活科・総合的な学習の時間をカリキュラムの中核に据え、教科等や学校行事との関連を図ることで、子供は主体的に活動に取り組み、自ら学びを深めるようになります。

そこで、本ミッションでは、**年間カリキュラムを作成するに当たって、生活科や総合的な学習の時間と関連付けられそうな各教科等の学習内容を探る実践**を紹介します。こうした実践では、各教科等の特性に応じて、子供が活動する姿を教師が具体的にイメージすることを大切にします。さらに、実際に活動する子供の姿に応じて各教科等の学習内容を柔軟に配列することも重視します。

例えば、生活科や総合的な学習の時間で生まれた子供の気付きや思いを表現する活動を、国語科や音楽科、図画工作科、体育科の授業に位置付けたり、それとは逆に、各教科等で得た学びを生活科や総合的な学習の時間で活用する実践です。

生活科・総合的な学習の時間と各教科等を上手につなぐことができれば、子供の学習意欲はよりいっそう高まり、活動に弾みを付けることができます。学習意欲が高まれば、おのずと学習内容に深まりが生まれます。すなわち、各教科等と生活科・総合的な学習の時間の学びが双方向性をもつこととなり、どちらの活動も充実します。

これこそがカリキュラム・マネジメントの3つの側面の1つである「各教科等の教育内容を相互の関係で捉え、学校教育目標を踏まえた教科等横断的な視点で、その目標の達成に必要な教育の内容を組織的に配列していくこと」（カリキュラム・デザインの側面）の本質的な意義なのです。

（安生　留衣）

表現活動で教科をつなぐ

―［第2学年生活科］体験活動と表現活動を関連させて「豊かな表現力」を育む

「先生、聞いて！　聞いて！」低学年の多くの子供たちは話したい気持ちが溢れています。その一方で、うまく自分の思いを伝えられなかったり、友達の思いを理解しきれなかったりしてトラブルになってしまうことも多くあります。「伝えたい」思いはあるのに、語彙が足らず、表現方法が未熟なために、歯痒い思いも抱えています。

ここで紹介する事例は、年間を通じて野菜栽培に取り組む中で、生活科における体験活動を他教科とつなぎ、子供の思いを表現する場を意図的に設けながら「豊かな表現力」を育んだ2年生の実践です。

1　教科の学習活動とつなぐ

2学期に入り、生活科では、秋冬野菜づくりに向けての「おやさい会議」がはじまりました。1学期、自分たちの手で野菜を育て、食べた子供たちは、「秋冬野菜は何をつくろうか」と楽しみで仕方がない様子です。そこで、教師は夏野菜づくりでの経験を生かしたいと考え、「夏野菜づくりで大変だったことは何だったかな？」と発問し、子供たちと話し合いました。

このとき、教師は、「虫や鳥に食われて大変だった」などの話題が出てくると想定していました。ところが、子供たちからは「野菜がたくさんすぎて大変だった」という声が挙がってきたのです。

よく思い起こしてみると、夏野菜づくりのときには、地域の野菜の先生や担任などの周りの大人が先回りして防鳥ネットをかけ、消毒していたため、夏野菜が虫や鳥に食われる大変さを子供たちは感じていなかったのです。これは学級担任と、野菜の先生（地域の方）との打ち合わせ不足が原因で、「大人が事前に準備すべき部分」と「子供に任せたい部分」が曖昧だったために生まれた体験不足でした。

そのことに気付いた教師は、野菜の先生とよく相談した上で、秋冬野菜は、「育ててもらう」のではなく、「自分たちで育てよう」と子供たちに働きかけ、子供と野菜との関わり方を再考しました。

そこで、子供たちの「〇〇したい」という思いや願いを大切にしつつ、**音楽科や体育科、図画工作科など他教科と合科的に扱う表現活動を設定し、生活科で実践した野菜づくり体験を、歌や体の動き、紙版画などで表す活動に取り組んだ**のです。工夫次第でいろいろな教科とつなげることができるのも、生活科の醍醐味だと言えるでしょう。

2 生活科での体験や経験を他教科で表現する

A ［音楽科・体育科］替え歌＆表現活動「おやさいものがたり」

野菜づくしの生活を送っていると、教科書に野菜が出てくるだけで大盛り上がりをみせます。

例えば、音楽科では、『かぼちゃ』（桑原ほなみ作詞／黒沢吉徳作曲）という曲が子供たちの大のお気に入り。口ずさむ様子がよく見られました。

そこで文化祭では、『かぼちゃ』を編曲し、オリジナルの詩を子供たちと考えて『おやさいものがたり』と題して歌いました。詩の中には、夏野菜づくりの思い出や失敗談も織り込まれ、楽しい歌となりました。

畑に大きなキュウリができた（「何本くらい?」「たくさーん!」）
1本、10本、20本　毎日とっても、まだできる
1日見ないと大変だ
キュウリのサイズは、うでより太い
毎日見に行こう!

（一部抜粋）

また、歌詞に合わせて振り付けも自分たちで考えました。鍬を使って畑を耕す様子、

種をまく様子、野菜が芽を出し、花をつけ、実になっていく様子を、全身を使って表しました。これは体育科の表現活動につなげた試みです。

B［図画工作科］紙版画「おやさい大好き」

図画工作科の学習では、野菜を収穫する場面を紙版画で表現しました。ホウキや新聞紙を棒状にして長ネギに見立て、抜く瞬間を思い出しながら自分が表したい場面を教室で再現するのです。踏ん張って長ネギを抜こうとする瞬間を再現する子、抜けた瞬間を再現する子など、思い思いの場面が表現されました。

1人がはじめると、「もう少し低い姿勢がいいんじゃない？」「腕の向きはこうだよ」「優しく抜いてあげないとネギが折れちゃうよ」と周りからアドバイスが生まれます。それらの声を生かしながらポーズを工夫して撮影し、写真を見ながら、手の動きや表情を丁寧に紙でつくりました。顔の向き、踏ん張っている足を表現するために、各パーツを動かして調整し、表情豊かなダイナミックな作品に仕上がっていきました（**資料1**）。

これほどまでに長ネギを使った活動が盛り上がったのには理由があります。それは、校長先生と一緒に育てた150本もの長ネギを、文化祭や学校近くの道の駅で販売した体験があり、子供たちにとって深い思い入れがあったのです。

長ネギを販売する活動では、より多くの人に買ってもらうために、自分たちでポスターとチラシをつくり、有線放送でコマーシャルを流してもらうなど、様々な宣伝活動を行いました。その甲斐あって、道の駅では45分で完売。長ネギの収益で全校へのクリスマス・プレゼントを購入し、みんなからたいへん喜ばれたという体験活動でした。

資料1　教室での場面の再現（写真上）と、完成した作品（写真下）

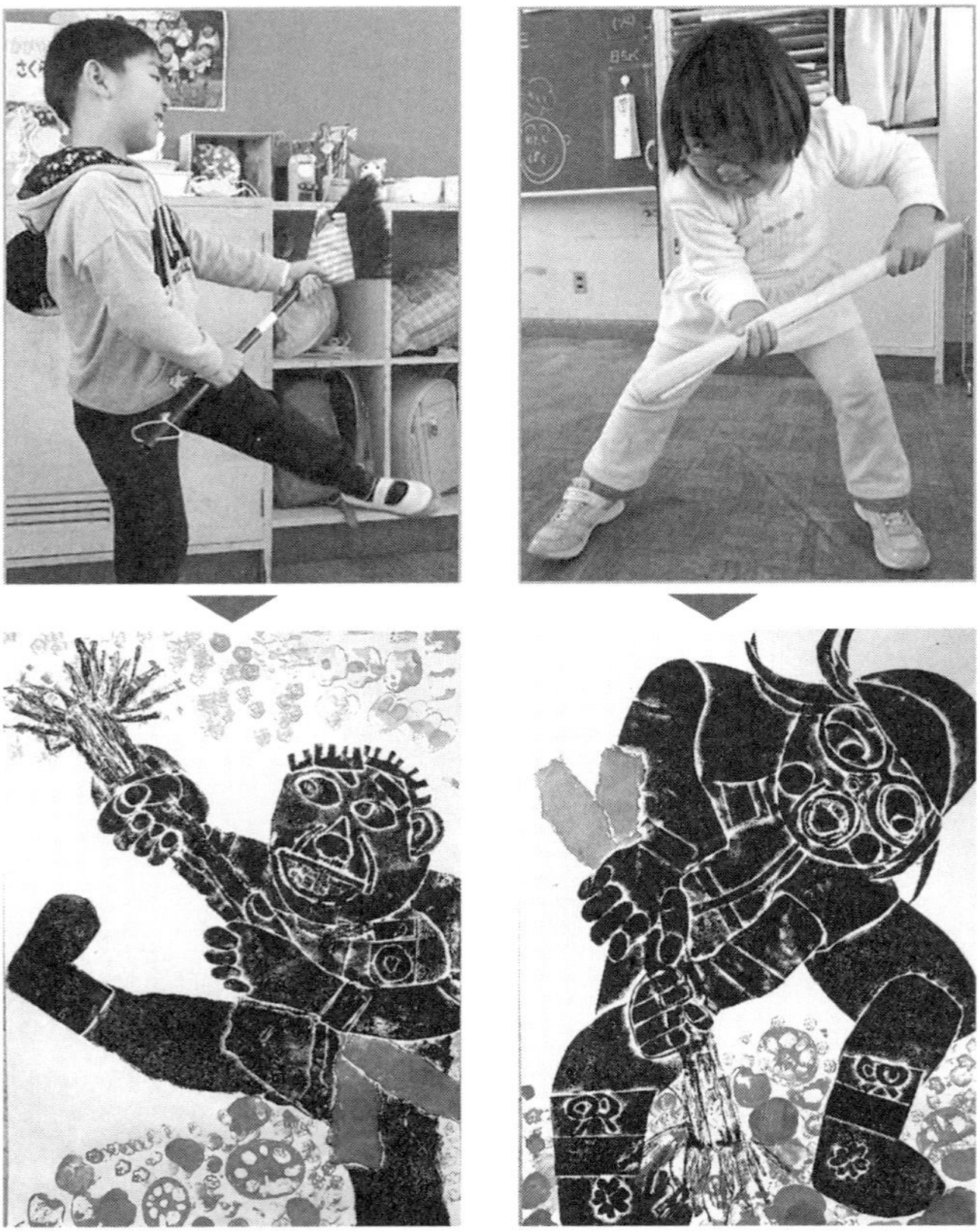

また、長ネギを買ったお客さんから「かけ声が元気でよかったよ」「長ネギはとてもおいしかったよ」といった手紙が届き、自分たちの活動がどんどん広がっていく喜びを味わいました。そんな思い入れが深い長ネギだったからこ

そ、これまで見たことがないほど、ポーズにこだわる子供の姿があったのだと思います。子供たちは、紙版画を制作しながら、長ネギを抜くときの気持ち、売って喜ばれたときの気持ち、みんなにプレゼントを渡したときの気持ちなどを反芻し、生活科での学びを振り返っていたのです。

3 表現活動を通して学びを振り返る

1年間の活動を通して、観察、世話、話合い活動、収穫、宣伝、販売、お世話になった方々への感謝会、文化祭、音読朝会、6年生を送る会（資料2）と、様々な経験を重ねるたびに、子供たちの表現力はどんどん豊かになっていきました。

4月当初には、自分の思いを表現するのが苦手だった子供も、詩を発表したり、大きな声でネギを販売したりする経験を経て、少しずつ自信を付けていきました。「6年生を送る会」で、自作の詩をプレゼントしたときなどは、人前で表現することに喜びを感じるまでに成長していました。

畑で体験したことを何度も思い返しては伝え合い、表現する学習活動を行ったことは、学習効果の高い振り返りとなりました。**「心が動く体験をして、その感動が伝わる喜びを実感する」こうした感動のある学びの連続が、言語への興味・関心、理解を育てる**ことがわかりました。

伝わる喜びが、次なる意欲を引き出し、子供の表現力を高めていきます。低学年の子供が、自らの学びの意味や意義を直接的に振り返ることはむずかしいのですが、相手意識や目的意識に支えられた表現活動を通して、自らの学習活動自体を振り返ることはできます。

例えば、Aさんは、1年間の野菜栽培について、野菜の成長と、自分自身の成長を重ね合わせて、次のように振り返っています。

私たちがそだてたやさいは、とてもおいしかったです。なぜかというと、みんなで力を合わせてつくったからです。人間とやさいは、同じく成長していくんだなと思いました。毎日のおせわをしないといけないということがわかりました。

資料2　6年生を送る会では、6年生にオリジナルの詩「6年生のうた」をプレゼント

体験活動と表現活動とが相互に関連し合いながら繰り返されることで、子供は学びの質を高め、自分自身のよさや可能性に気付くことができます。このようなよさや可能性への気付きは、年間を通して

様々な教科とつなぐカリキュラムをデザインし、上手にマネジメントすることによって、より豊かさを増していくのです（資料3）。

（安生　留衣）

総合的な学習の時間を軸に各教科等をつなぎ、「深い学び」を生み出す

1　「深い学び」を生み出すために

総合的な学習の時間（以下、「総合」という）は子供が大好きな時間です。どの子供にも自分らしい学びが保障され、自分の思いをもって活動できるのが総合です。「ここまで達成しなければならない」という決められた目標やゴールではなく、自らの課題解決に向けて学習を進めることができます。こうしたことが、子供たちを惹きつけるのでしょう。

そして、この総合を軸にして各教科等をつなぐことで、子供の学ぶ目的をより明確にし、生きて働く知識・技能にまで高めていくことができます。

また、総合で体験したことから得たものを振り返ることで、子供は自分の成長を感じたり、自己肯定感を高めたりするようになります。**教師がレールを敷いて、子供を引っ張るのではなく、子供自らが動き出し、真剣に学んでいける教科横断的な学習を展開し**

	10月	11月	12月	1月	2月	3月
	2学期			3学期		
を作ろう! 苗植え	秋冬野菜を作ろう! 野菜の世話・収穫・販売・宣伝			野菜作りでお世話になった人への 感謝会を開こう		
文化祭で発表しよう 「おやさいものがたり」			わたし大すき「大きくなるっていうことは」 絵本作り・思い出インタビュー			
	お手紙・音読劇をしよう				見たこと・感じたこと：詩作り②	
様子を表す言葉	見たこと・感じたこと：詩作り①					
みんなで決めよう（おやさい会議）				楽しかったよ、2年生		
いろいろな音に親しもう ・音さがし　・音遊び　・虫の声 ・「かぼちゃ」&「おやさいものがたり」						
			おやさい大好き（紙版画）			
楽しいことみつけた （野菜のスケッチ）						
表現リズム遊び 「おやさいものがたり」振り付け						
	文化祭					6年生を送る会 詩の発表
（月1回、発表は2～3か月に1回程度）						

資料３　第２学年　教科をつなぐ年間カリキュラム（一部抜粋）

教科／月	4月	5月	6月	7月	8月	9月
	1学期					
生活	夏野菜を作ろう! 畑作り・苗買い・苗植え		夏野菜を作ろう! 野菜の世話・収穫			秋冬野菜 畑作り・
	町探検（お花見・市・水族博物館・歴史資料館・科学館）			夏野菜 パーティー		
国語		かんさつ名人になろう	お礼状を書こう			
		音読・お気に入りの詩を見つけよう				
		今朝のニュース（おはなしの時間）				
音楽						
図工			やさいとわたし（絵画）			
		おもったことを・見つけたよいいかんじ				
体育						
学校行事					全校音	読朝会

ていくことで、「深い学び」につながっていくのです。

ここでは、第4学年「川とともに―さくらっ子川水季※（せんすいき）」の実践を基に、特に国語科に焦点を当てて、総合と教科をどのようにつなぎ、カリキュラムをマネジメントしていくのかを紹介します。

2 総合の体験を国語科に生かす

総合で体験したことは、各教科等の学習において貴重な材料となります。総合で主体的に活動し、自ら気付きを得た学びは、子供にとって心に残るものだからです。特に、国語科では、総合の学びを生かすチャンスが大いに散りばめられています。

例えば、説明文や報告書、物語文や詩の書き方を学ぶ場面、討論会のやり方を学ぶ場面、新聞やパンフレットの書き方を学ぶ場面、絵本の読み聞かせを聞いたり読書をしたりする場面などが挙げられます。

総合と国語科をつなぐカリキュラムをデザインすることによって、「話すこと・聞くこと」「書くこと」「読むこと」すべてにおいて、総合の学びを生かすことが可能になります。

A 自ら動き出す新聞づくり

国語科の「新聞記者になろう」は、自分たちが総合で体験したことを基にし、インターネットや図書を使ってさらに知りたいことを積極的に調べ、発信していく実践です（資料４）。

教室で飼育している生き物の写真を撮り、生き物紹介の特集を組む子供、カニを捕まえた人にインタビューし、そのときの気持ちや方法などを記事にまとめる子供、川で一番楽しかったのは何回目かをアンケートで調べ、ランキングにする子供など、総合での体験が様々な記事の作成に生かされていました。さらに、新聞を通して、川での活動に関する情報が学級全体、さらには学校全体へ広がっていきました。

このような自ら情報収集を行い、主体的に新聞づくりに取り組む子供の姿は、総合での豊かな体験活動が基盤となったものです。

資料４　川についてまとめた新聞

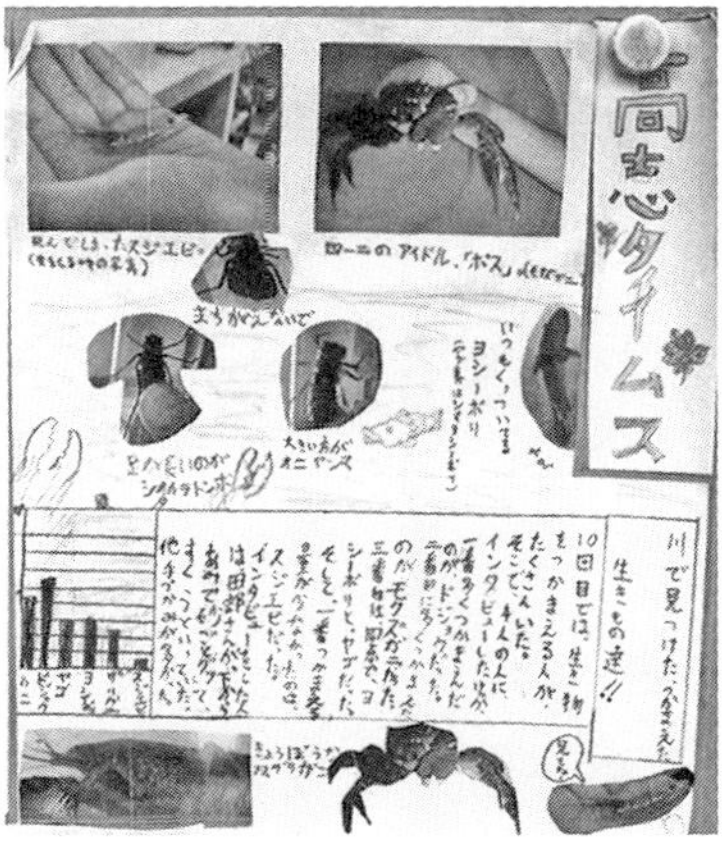

※「川とともに―さくらっ子川水季」の概要―学校の近くを流れる身近な２つの川を舞台に、年間約30回の体験活動を行った。教師はいつ、どの場所へ連れて行くかを設定し、そこで何をするのかは子供に委ねた。体験、作文、振り返りの活動のサイクルに加えて、子供の作文や様子を見取りながら、意図的に次のような環境を整えた。川の本棚や水槽の設置、詩・歌・物語づくり、川に関する絵本を読み聞かせ、川の命や川のはじまりを考える機会、教科や学校行事との関連、討論会などである。このような環境を整えながら、子供とともに、カリキュラムをつくり出していった。

B　創作意欲が高まる習字や詩

詩の創作場面でも「川」をテーマにしました。すると、子供の発想は広がりを見せ、表現がより豊かになっていきました。

工藤直子さんの「のはらうた」に親しんできた子供たちは、川になりきって詩をつくる活動が大好きでした。川の気持ちを想像し、川の立場になって考えるようになっていたのです（資料5）。

年間を通して繰り返し創作活動を続けていくことで、表現力も豊かになり、感性が磨かれていきます。それだけでなく、総合で川へ出かけた際、自分本位に活動していた子

資料5　川になりきってつくった詩

川の友達
　　　　川田　友子
私の友達だれだと思う？
それは生き物　植物
それとさくらっ子のみんな
遊びに来てくれてありがとう
また遊びにきてね
友達っていいいね

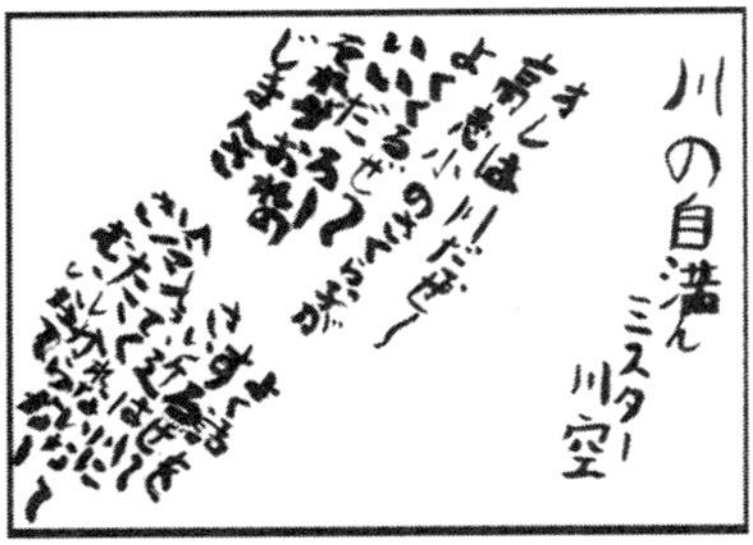

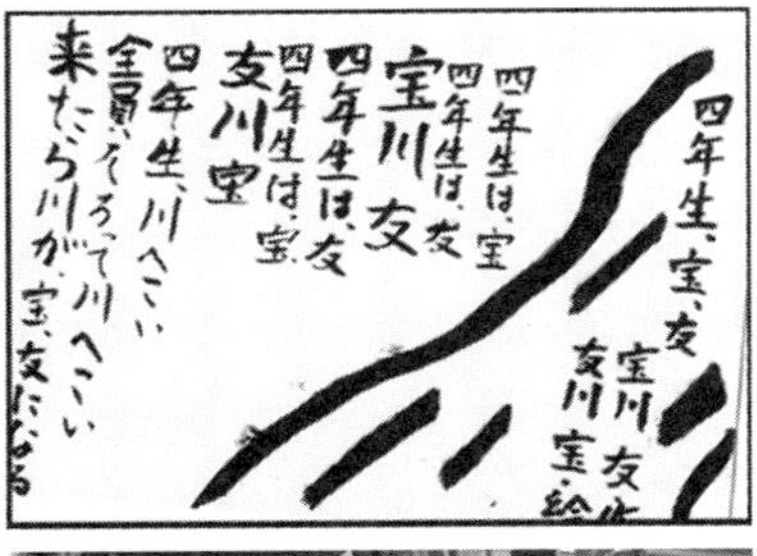

供が、川のことを思いやり、自分にできることを考え活動するようになったことは、私たち教師の想像を超える出来事でした。

3　国語科の学びを総合に生かす

これまでに述べてきた「総合の体験を国語科に生かす」こととは反対に、国語科の学びを総合に生かすこともできます。国語科で身に付けた知識・技能を生かすチャンスが総合の活動にはたくさんあります。このようなチャンスを生かすカリキュラムをデザインできれば、将来の実生活で生きて働く力が育まれることが期待できます。

国語科で身に付けた知識・技能を生かすチャンスには、例えば、討論会で総合の活動について話し合う場面、お世話になった方々に手紙を書く活動、新聞、レポート、ガイドブック、パンフレットなどにまとめて発信する活動、書きためてきた作文から活動を振り返り、学びをまとめる活動などが挙げられます。

これらの活動は、子供たちの目的意識や相手意識を高めるとともに、「主体的・対話的で深い学び」につながります。

A　白熱する討論会

年間を通して川とたっぷり関わり、川や生き物への愛着を深めてきた子供たち。いよいよ卵から育ててきた鮭を放流する時期がさしかかったとき、どの川に放流したいのかについて討論会を開くことにしました。子供たちの意見は大きく2つに分かれます。①卵をいただいてきた鮭の故郷である桑取川か、②自分たちが慣れ親しんできた正善寺川かの2つです。

話し合いは白熱し、1時間10分にも及びました。はじめは人ごとのように思っていた子供も、いつの間にか本気になって考え、自分ごとになっていました。全員が自分の思いを話せる場が生まれ、話し合いに深まりが生まれた瞬間です。

子供は様々な視点から話し合いを進めていきます。水のきれいさや冷たさ、川の深さや砂地と石の違い、川にいる他の生き物の存在、ごみや工場などによる川の汚れ具合、段やせきなどの障害、子孫の残しやすさ、命の大切さなどについて、鮭の立場になって真剣に考えます。

黒板は子供たちの意見でびっしり埋め尽くされます。最終的には、「今まで一番多く通った思い入れのある正善寺側に放流し、大人になっても見守ること」に決まりました。これまで川でたくさん活動し、諸感覚を働かせ、気付きを得てきた子供たちだからこそ出せる意見の連続でした。

国語科で討論会のやり方を学んでいるため、司会や進行、書記はすべて子供に任せることができます。自分たちの手で自信をもって討論会を進め、結論を出していました。

子供たちにとって必要感のある総合の内容を討論のテーマに据えることで、本気になっ

て討論することができ、それが「深い学び」につながっていったのでしょう。

B　自ら考え、まとめる年間の振り返り

学年末には、1年間の川での活動を振り返り、自ら方法を選んで自分らしいまとめをつくり上げました。［川ブック、川ガイドブック、川カレンダー、川日記、川の俳句、川アルバム、川図鑑（資料6）、川物語、川かるた、川すごろく、川ポスター、川の詩］など、様々な表現方法が選ばれました。どの子も真剣に楽しく取り組み、一人一人の学びの深まりを感じました。

資料6　立体「川図鑑」

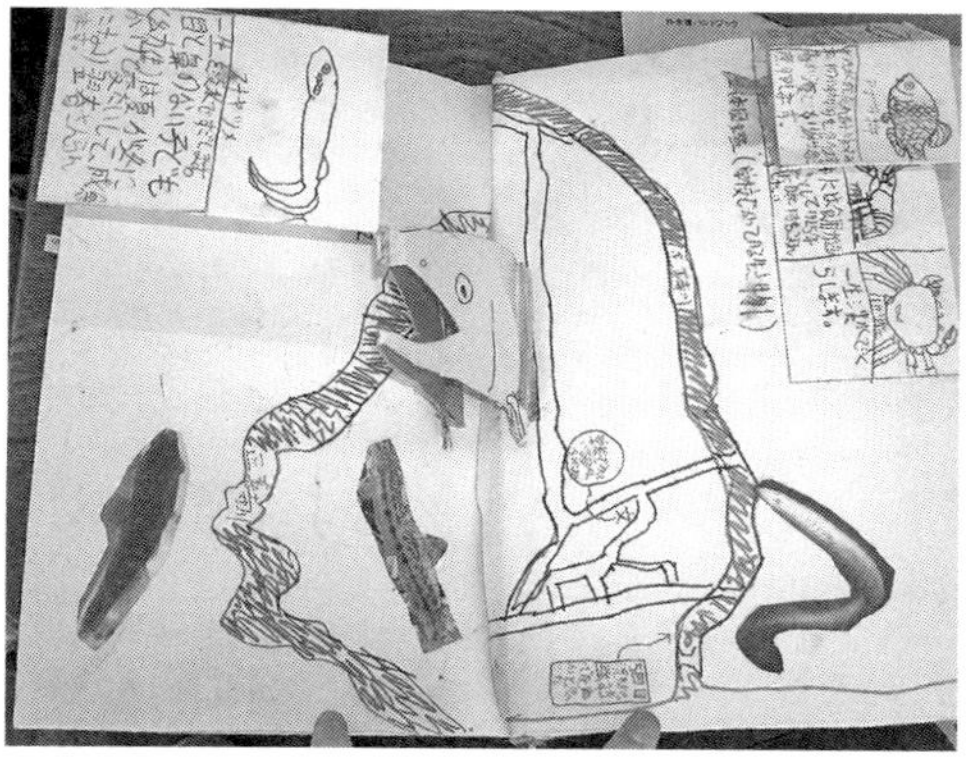

総合で興味をもって探究してきたものが、子供たち一人一人にとって違うからこそ、国語科で学んだ「知識・技能」を生かすことで、自分に合った表現方法を選んでまとめるという自由度の高い活動になったのだと思います。

こうした活動に欠かせないのがポートフォリオの活用です。これまで書き溜めてきた作文を読み返し、様々な教科で身に付けた「資質・能力」を用いて自分の考えや伝えたい思いをまとめていきます。例えば、**文章を書く国語科の力、地図につ**

資料７　子供の変容に合わせてつくったカリキュラム（最終版）

	校外での体験活動 （数字：○回目）	教室での学習活動	教科・学校行事との関連
1学期	〔自由作文は体験活動後に必ず書く。〕 1～5 正善寺川（下流） 6 正善寺川→関川→海 7・8 正善寺川（中流） 9 正善寺川 浄水場見学 10～13 正善寺川　（上流） 14 正善寺川（上流） 正善寺ダム見学	〔定期的に川マップをつくる。〕 ○作文「川とともに」 ○詩「川になる」 ○イメージマップ ○なりきり作文「～川さんからの手紙」	○図工：川で拾った物と紙粘土を使った工作 ○社会：暮らしの水・郷土に伝わる願い～用水 ○理科：川原の生き物 ○国語：「新聞記者になろう」取材・図書資料活用（川や生き物の記事掲載）
2学期	15 正善寺川（下流） 16 関川（中流）：工業用水取水口・魚道 17 関川（上流）/ 苗名滝 上江用水・発電所 18 源流探検 / 大田切川（親子活動） 19 笹ヶ峰：水が湧き出る池 / トクサ沢 / ダム（関川上流） 20 正善寺川（下流） 「川の歌」作詞 21 正善寺川（下流） 22 関川（中流）/ 発電所見学 23 桑取川→日本海 （鮭の遡上、受精卵を頂く） →鮭の飼育活動が始まる 24 正善寺川→関川→大瀬川（鮭の遡上）	○川の命について考える（絵本「川の命」読み聞かせ） ○河童討論会１（正善寺川に河童はいるか !?） ○池の始まりを想像し、絵と言葉で表す ○鮭飼育計画（鮭について本やインターネットを使って調べる） ○河童討論会２（関川に河童はいるか !?） ○川の命２ ○絵本「森が海をつくる」読み聞かせ ○川とともにアンケート ○作文「川とともに」 ○イメージマップ	○図工：川の絵、川で遊んでいる自分人形（川のジオラマづくり） ○音楽：「川の歌」作詞 ○文化祭：絵、工作展示 川のコーナー（水族館の表示を、図鑑を基につくる。図鑑をお客さんが手に取って見られるようにする。） ○音楽発表会：「川の歌」を発表 ○国語：「４年２組から発信します」（生き物 / 鮭 / 天然記念物などの話題を選ぶ）→本やインターネットで調べて作成 ○理科：「水の大変身のふしぎ」水の状態変化
3学期	25～27 正善寺川（下流） 28 正善寺川（下流） 鮭の稚魚を放流	○１年間の振り返り活動（表現方法・内容はそれぞれが自分で決める） ○ぽたりんの旅（一滴のしずくになって、旅をする物語作り） ○川からもらった力 ○川マップをつくった私（作文・体育館に並べて記念撮影） ○詩「川になる」 ○作文「川とともに」 ○イメージマップ ○総合発表会	○図工：版画～川の題材 ○書写：「学習したことを生かして書こう」（川といえば思いつく言葉を、習字で表す。） ○国語：「話し合って決めよう」鮭の放流 / 教室の生き物をどうするかの話し合い（子どもたちから話し合いたい話題として出てきたもの） ○書写：「４年生のまとめ」私にとって川さんとは…の言葉を習字で表す。

いての社会科の力、生き物についての理科の力、魚の絵を描く図画工作科の力です。

総合と各教科等を有効につなぐことができれば、主体的・対話的で深い学びにつながり、「学びに向かう力」も高まります。総合と各教科等が相互に作用し合い、どちらの学びにとっても充実した活動となるのです（資料7）。

（大下　さやか）

思考スキルで教科をつなぐ

1　思考スキルで教科をつなぐとは？

子供が、他の学習や生活場面においても活用できるような、生きて働く知識や技能を身に付けることが求められています。そのためには、子供自らが課題を設定し、その解決を目指して友達の視点を得ながら思考・判断・表現し、知識や技能を再構成していけるような「資質・能力」を育むことが大切です。

とはいえ、一口に「知識や技能の再構成」と言っても、各教科等での子供の姿は一様ではありません。ここで重視すべきことは、**教師が各教科等の特性を念頭にしつつ、学習活動レベルで子供の姿を具体的にイメージすること**です。

例えば、国語科の時間に「相手に伝わる文章を書く」という学習を行うのならば、作文のための資料を集め、それらを分類し、内容がわかりやすくなるように順序立てながら文章を組み立てる子供の姿を具体的にイメージします。また、友達の文章やモデル文などと自分の文章とを比較しながら、より伝わるためのポイントを見付けて書き直していく子供の姿のイメージ化も必要となるでしょう。

各教科等の『小学校学習指導要領解説』にも、イメージするヒントが示されています。学習活動の例示がそれに当たります。

生活科であれば「見付ける、比べる、たとえる」であり、総合的な学習の時間であれば「比較する、分類する、関連付ける、類推する」が該当します。他の教科等であれば、「多面的に考える」「関係付ける」「推論する」等があります。これらは、その教科ならではの思考を促す学習活動（思考スキルを育む学習活動）と言えます。

これらを踏まえ、**子供にどのような思考を求めるのか、教師が具体的な子供の姿に置き換えて学習活動を構成することが、「主体的・対話的で深い学び」を実現する手立ての1つ**となります。

このとき、留意すべきことがあります。それは、思考スキルそのものは多種多様であるということです。そのため、どの教科等であっても、子供が思考スキルの意味や用法のすべてを理解し、学習の文脈に応じて使い分けるのは困難だといえます（資料8）。

ここで考えたいことが、思考スキルの整理です。例えば、新潟大学教育学部附属新潟小学校では、以前、国立教育政策研究所の指導・助言を得ながら、すべての教科等で使える最も基本的な思考スキルを整理し、「考えるすべ（資料9）」として位置付けました。「理解していることを使って、何ができるか」という資質・能力を育成する上で、教科横断的な視点をしっかり据えてマネジメントすることが、今後よりいっそう大切になってきます。そのためにも、まずは各教科等に共通した最も基本的な思考スキルを抽出すること、その上で様々な教科等を通じて活用していくことで、各教科等をつなぐことができるようになります（資料10）。

資料8　多種多様な思考スキル

2　子供は、どのようにして思考スキルを身に付けるのか？

「今日の授業はうまくいったな」「子供がよく考えていたな」と教師自身が感じられる授業では、学習に没頭し、ごく自然に思考スキルを発揮して学んでいる子供の姿に出会います。

このことを踏まえ、実際の授業を通して、子供が思考スキルを発揮しながら各教科等の本質を学んでいけるようにするにはどうすればよいかを考えます。

資料9　考えるすべ（新潟大学教育学部附属新潟小学校版思考スキル）

考えるすべ	**比較する** 「何」と「何」とを， 視点を明確にして 比べること	**分類する** 複数のものを 同じところや違う ところで分けること	**系列化する** 複数のものを， きまりに基づいて 並べること	**関係付ける** 「何」と「何」とを， 関係でとらえること
活動や言語化したもの	２つのものを○○で比べる。 大きさで 色で 数で	分け方を決めて分ける。 大きさで 色で 形で	並べ方を決めて並べる。 時間の順に 大きさの順に	わたしの考えは○○だ。理由は，～だからだ。 ○○のために，～する。 （～するのがよい。） ＜下学年＞ まるで○○みたいだ。○○と同じだ。 ＜上学年＞ ＡとＢの関係をＣとＤの関係に当てはめてみると，～だ。

具体的には、子供が思考スキルを道具として自在に用いていけるように、次の手立てを講じます。

①考える必然性のある**学習課題の設定**によって、思考スキルを発揮できるようにする。

②**思考を可視化**する道具を工夫することで、考え方の自覚を促す。

③他の教科等においても同様の経験を促し、**知識・技能の再構成**を促す。

①学習課題の設定

例えば、発問の仕方ひとつとっても、子供の思考は大きく変わります。「計算しましょう」と答えを求める場合と、「どのようにして計算しますか」と計算方法の説明を求める場合とでは、どちらがよりよく考えるでしょうか。言うまでもなく後者でしょう。学習課題も同様です。**思考スキルを発揮させて子供の学びを深めさせたいと意図するならば、子供にとって考える必然性のある学習課題を設定することが鍵**になります。

資料10　思考スキルで教科をつなぐ

具体例として、小学校4年生の総合の実践を紹介します。学習対象として、地域の高齢化・核家族化に伴うお年寄りの孤独の解消を学習課題に設定した実践です。

地域に内在する問題として、「今日1日、誰とも話をしなかった」「気が付いたらテレビに話しかけていた」「体の不自由さよりも一番の困りごとはさみしいこと…」そんな孤独と暮らすお年寄りが年々増えています。これらの社会問題が学習課題設定の裏側にありました。こうした事実に出会わせることで、お年寄りのさみしさに共感し、「どのようにしたらお年寄りのさみしさをなくせるのか」と子供が思考することを意図したのです。

経験と「関係付けながら」さみしさを解消する方法を考えることを引き出せれば、モデルケースと「比較しながら」自分たちの活動を工夫・改善することにつながります。

②思考の可視化

思考を可視化する道具を工夫することで、「自分はどのように考えたから考えが深まったのか」、子供が自分の「考え方」を自覚することができます。

総合の実践では、**資料11**のようにファシリテーション・グラフィック（以下、FG）の考え方を用いて、グループで思考を可視化させました。お年寄りのさみしさを解消するために、地域のお年寄りの誰もが集える『地域の茶の間』を開催した活動Ⓐと、モデルケースとして見学・体験してきた他の『地域の茶の間』Ⓑとを比較しながら、「雰囲気」や「笑顔」といった視点で違いを分析していることが、このFGからわかります。そして、その違いを目的と関係付けながら新たな問いや改善点Ⓒを見いだしています。

子供にとってこのFGは、具体的な情報とそれらの関係付け方を整理する思考のフレームです。ゆえに、このFGを見ることで、子供は自分がどのように考えたのか、その結果どのように考えが深まったのかを自覚できるようになります。

③知識・技能の再構成

他の教科等で、「比較する」「関係付ける」といった同様の思考を促すことが有効な学習場面を設定し、「○○科の授業でも同じように考えることで学びが深まった」といった実感を引き出します。

一例として、社会科の単元「火災からまちを守る」が挙げられます。火災現場のすぐ近くに消防出張所があるのに、火災現場から遠く離れた指令センターに１１９番通報がつながる理由を追究する学習場面です。

子供は、「小須戸出張所のほうが近くてすぐに来てくれそうなのに、なぜ１１９番通報は遠くの消防局司令センターにつながるのか」という学習課題を設定し、総合の学習と同じように、FGを用いながら協働的に思考しました（資料12）。

そして、近くの小須戸出張所につながる場合Ａと、遠くの指令センターにつながる場合Ｂとを比較し、遠くの指令センターにつながったほうが、迅速に他の消防署にも協力・応援を求められるだけでなく、複数の火災が同時に起こった場合にも対応できると、社会的事象に迫る予想Ｃを立てました。

資料11　FGの例①

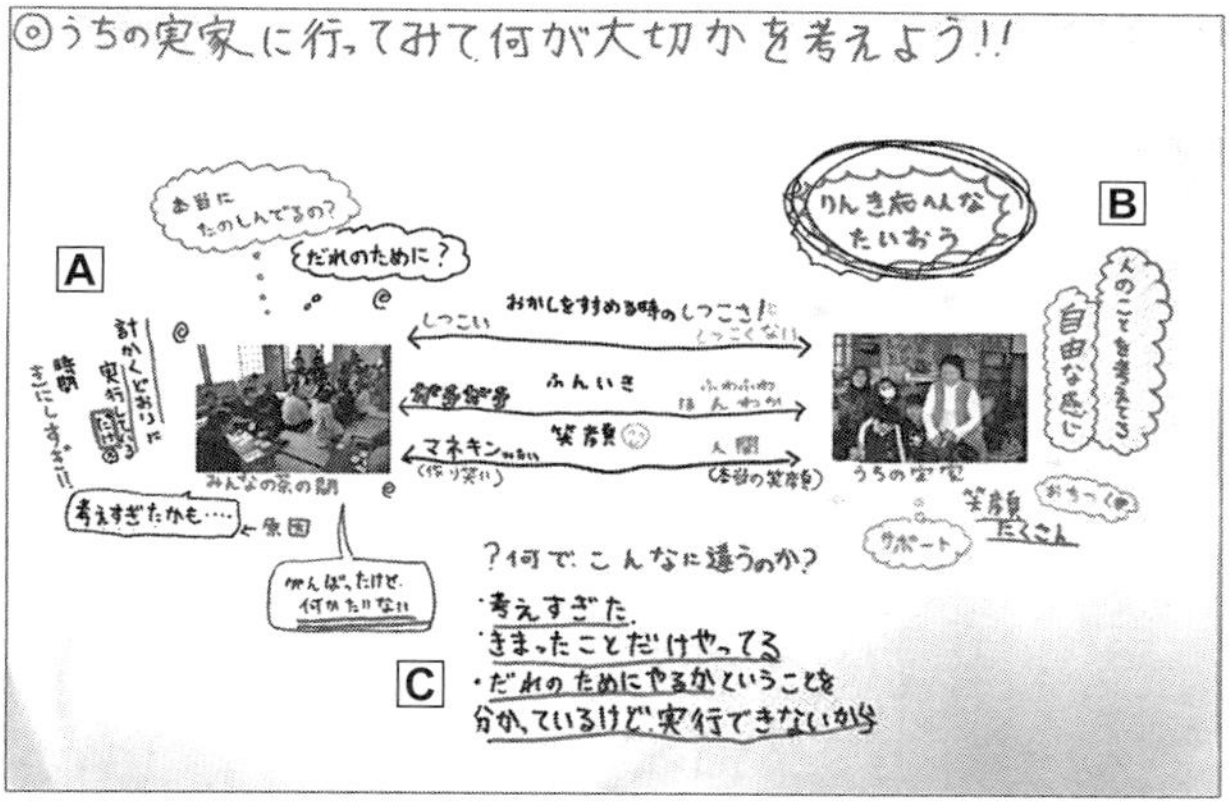

このように、他の教科等の似た学習場面でも同様の経験を促すことで、子供は「比較する」「関係付ける」とはどういうことかを具体的に理解できるようになり、「知識・技能の再構成」が促されます。

資料12　FGの例②

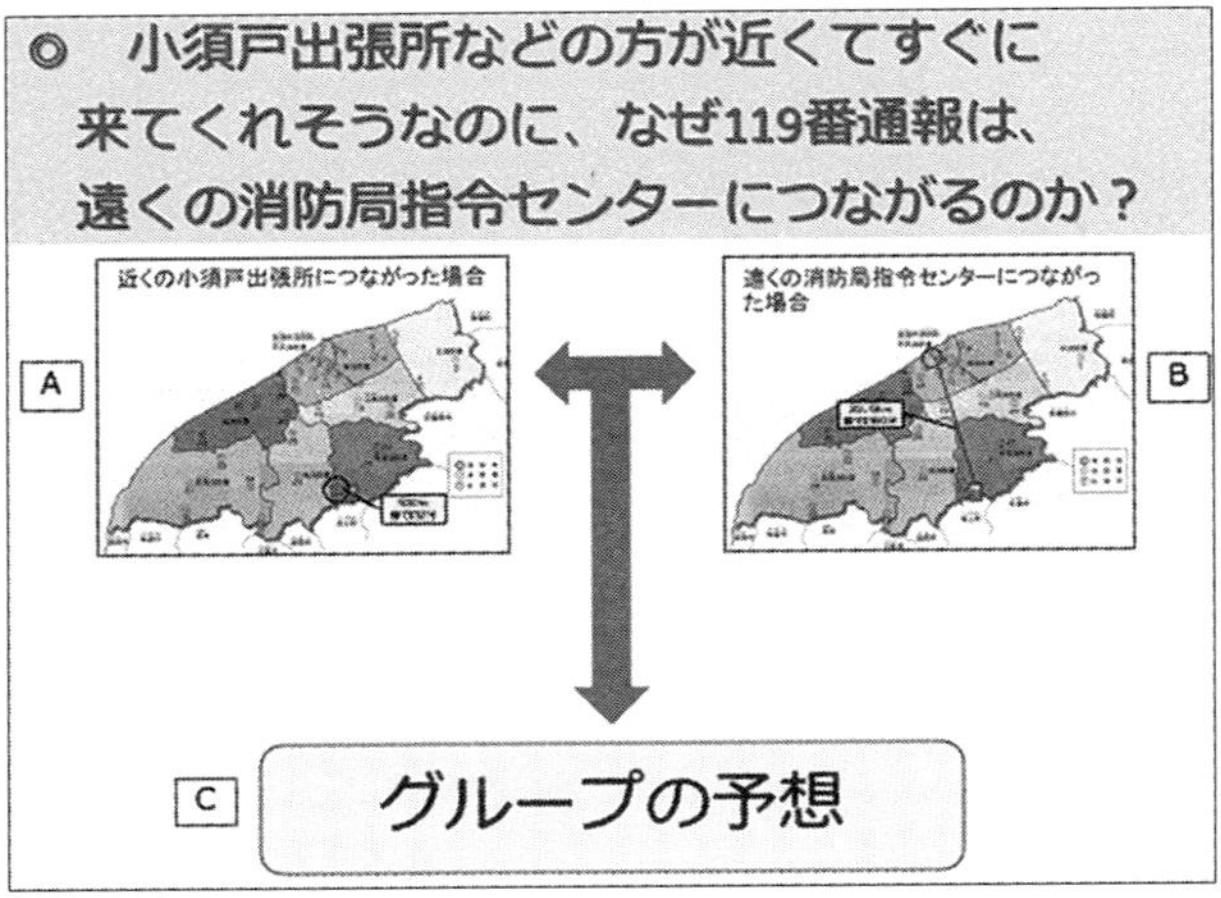

このような経験を繰り返すことで、子供は便利な道具として思考スキルを学習に用いていけるようになっていきました。

3　思考スキルで各教科等をつなぐよさとは？

思考スキルで教科をつなぐことのよさは、主に次の3点にまとめることができます。

○子供が、学習内容について深く学べるようになる。

○子供が、考えるとはどういうことかを具体的にわかるようになる。

○子供が、思考を可視化する道具としての

有効性を実感し、他の学習場面や生活場面においても適切に用いていけるようになる。

思考スキルで教科をつなぐことによって、子供の学びが「主体的・対話的で深い学び」になるきっかけをつくることができます。その結果、一人一人の子供の「資質・能力」の育成に寄与するものと考えます。

（金　洋輔）

暮らしとつなぐ

暮らしとつなぐ

1 子供にとっての暮らしとは？

子供の学びは、社会の中にあります。子供にとっての社会は、生活そのもの、つまり毎日の「暮らし」です。

そして、子供の学びの核となる暮らしの場は、1日のほとんどの時間を過ごす学校です。授業時間だけでなく、すべての学校生活を学びの場とします。

学校を離れると、家族と共に過ごす家庭が暮らしの場となります。さらに、自然や文化など多方面にわたる資源があり、様々な人材の居る地域も暮らしの場です。すなわち「暮らし」とは、学校・家庭・地域という子供たちの学びのステージなのです。

2 暮らしの中で学びをつくる

子供たちは、学校や家庭、地域での暮らしの中で、不便や疑問を感じたことを何気なく解決しながら、よりよい暮らしをつくり出していることがあります。その姿は、**自ら課題を見付け、主体的・協働的に課題解決に向かっている姿であるにもかかわらず、多くの場合、子供はもちろん、家庭や地域も、それが価値ある学びであることに気付いて**

いません。

子供たちの生活は、学校、家庭、地域と切れ間なく続いています。その三者間での学びが連続することによって、実社会で活用できる「資質・能力」は育まれます。すなわち、暮らしとつなぐ学びは、質の高い豊かな学びとなる可能性を秘めているのです。

3　暮らしとつなぐカリキュラム・デザイン

子供の暮らしの中で学びをつくるためには、日常の何気ない行動を学びにつなげる仕かけが必要です。その仕かけをデザインすることによって、学びの環境づくりをしていきます。ここでは、次のようなカリキュラムをデザインし、子供たちの暮らしを丸ごと学びのステージとすることによって学びの連続を図ります。

［学校での暮らし］　授業時間だけでなく、学校生活そのものを学びにするカリキュラム

［家庭での暮らし］　家庭生活における様々な場面や状況を学びにするカリキュラム

［地域での暮らし］　地域の人材との関わりを学びにするカリキュラム

（中山　卓）

1日の行動を生活科でつなぎ、学校生活を豊かにする

生活科における活動は、子供の日常生活につなげることが大切です。そこで、1日の学校生活を、子供の動線に即してデザインしてみましょう。

幼稚園での教育は、環境を通して行われます。その学び方にならって、生活科の活動を無理なく自然に学校生活に取り入れていきます。例えば、学校生活の様々な場面に飼育・栽培活動を位置付けるようにすると、生活科の学習活動がより充実します。

子供の思考の枠組みには、「これは生活科」「これは国語科」といった仕切りはありません。一つ一つの体験や学びが日常的に絡み合っていくことで、子供の学校生活そのものを豊かにしていくのです。

〈8：00〉子供たちの登校（校門→ヤギ→アサガオ→校舎へ）

K小学校の1年生の子供の朝は、飼育しているヤギの親子に、朝の挨拶をすることからはじまります。校門を抜けてグラウンドを横切りヤギ小屋へ向かうのが、お決まりのコースです。

2頭のヤギも広場に出て「メ～」と鳴きながら小さい友達がやって来るのを待っています。「おはよう！」と声をかけながら、子供たちは家からもってきた餌をヤギに食べ

させたり、ヤギの頭を撫でてやったりするなど、思い思いに触れ合いを楽しみます。

そして、ヤギへの挨拶を終えると、児童玄関に向かいます。そこには、子供たちが栽培しているアサガオの鉢が並べて置いてあります。登校してきた子供が朝一番にアサガオを見ることができるように、あらかじめ環境を整えているのです。

ここでも、子供はアサガオとたっぷり触れ合います。葉や蕾の数を数えたり、ツルと背比べをしたり、友達のアサガオの様子まで観察したりなどしています。そして、水やりをした子供は、自分の植木鉢に「アサガオさん看板」を立てます。これが、朝のお世話を終えた印になります※（資料1）。

資料1　子供たちの登校の様子

児童玄関前のアサガオの鉢

※種まきをする際に撮った記念写真を使ってつくったアサガオさんのミニ看板

「よろしくね。かれないでね。がんばっておおきくなってね」と、子どもの願いが書かれています。ラミネート加工をすれば、濡れても大丈夫ですよ！

アサガオさん看板

〈8：30〉

朝の健康観察の中では、子供の名前に続けてヤギの名前も呼ばれます。すると、子供の口から朝のヤギの様子が一斉に語られます。

「元気そうでした！」

「ウンチもコロコロでした！」

「草をいっぱい食べていました！」

「もってきたニンジンの皮も食べてくれました！」

「目の周りも耳もピンクでした！」

毎日触れ合っていなければ、小さな変化にも気付けません。ヤギは子供の日常の中に息づいています。

毎日、朝の会の中にスピーチタイムを設けている学級も多くあることでしょう。この時間は、生活科の活動においても、貴重な情報交換の場になります。話題もタイムリーなものが多く出されます。

「お当番で小屋掃除をしたら、フラワーのウンチがいっぱいありました。コロコロウンチじゃなくて、ブドウみたいに固まっていました。だから、ちょっと心配です」

「昨日の夕ご飯はカレーだったので、ニンジンの皮をお母さんからもらいました。朝、空くんにあげたら喜んで食べていました。すぐになくなっちゃいました」

様々な話題が提供され、学級全体にも広がっていきます。1人の子供の気付きが学級みんなのものになります。友達の話に触発されて、「自分もよく見てみよう」「やってみよう」と思う子供が出てきます。このような豊かな対話を通して、ますます子供の主体性や能動的な力が引き出されていきます。

〈15：00〉

「さようなら！」教室で帰りの挨拶をした子供たちは、玄関に出て「アサガオさん看板」を自分の植木鉢から抜き取り、所定の位置に戻します。土が乾いていれば、水やりもします。明日咲きそうな蕾はないか、探している子供もいます。

対象と触れ合う十分な時間を保障することが大切です。空間、時間も含めて、私たち教師には、子供が学ぶ環境を構想して、カリキュラムをデザインし、子供の姿に応じてマネジメントしていくことが求められています。

〈19：00〉

さて、家庭に帰った子供たちの様子にも、目を向けてみましょう。学校生活に自分の楽しみをもっている子供は、家庭でも話をしたいことがたくさんあります。

「明日こそ、ぼくのアサガオさんのお花が咲くと思う！　だって、ソフトクリームみたいな蕾があったもん！　早く咲かないかなぁ」

「お母さん、今日のカレーのニンジンの皮ちょうだい！　明日もっていって、ヤギさんに食べさせてあげたいの！」
このように、生活科の活動には、子供の家庭や家族をも巻き込む力があります。「学校って楽しいな」「早く学校に行きたいな」「明日は〇〇をしてみたいな」と子供自身が感じ、願いをもつことで、少しずつ「学びに向かう力」が育まれていくのです。

（杉田　かおり）

地域と子供をつなぐ

1　地域と子供をつなぐためには

子供にとって地域は、学校や家庭を取り巻く環境であり、子供たちの日常の生活の場です。自然、行事、歴史、伝統、文化等（物的資源）はもちろんですが、そこに暮らす人（人的資源）も大切な学習環境です。

地域という環境には、お祭りなどの地域行事のように、子供たちが実際に体験したり、目に見えたりするものだけでなく、歴史のように調べないとわからないものや地域に生活する人々の思いなど、目に見えないものもあります。むしろ、**目に見える現象はごく一部で、実は、目に見えないことの中にこそ、子供たちの学びがある**のです。

特に、総合的な学習の時間では、地域との関わりを重視します。**地域と子供をつなぐ**

カリキュラムをつくることによって、学校、家庭、地域の生活をつなぐ学習環境を整備し、連続性のある学びを生み出していきます。

こうしたことから、多様な考えを受け入れて他者と関わる力、社会に参画する資質・能力を育成する以上、地域との協働を重視したカリキュラム・マネジメントが欠かせないのです。

2　地域と協働することを重視したカリキュラム―メイキング

社会に開かれた教育課程の観点からは、学校内だけでなく保護者や地域の人々を巻き込んだカリキュラムが必要です。**地域をよく知る人とPDCAのサイクルで活動を展開していくことで、単なる協力から、協働へと導いていきます。**つまり、地域の人と共に、カリキュラムをデザインしていくわけです（資料2）。

平成24年度より、新潟県上越市のすべての公立小・中学校がコミュニティスクールに指定されました。各学校に学校運営協議会が置かれ、地域の人が学校運営により積極的に参画する制度が整えられました。

上越市立K小学校では、各学年のカリキュラム検討会に学校運営協議会委員を迎え、地域の方と一緒にカリキュラムを更新しながら、今後の実践の方策を練っています。

資料２　地域の人たちと共にカリキュラムをデザインする

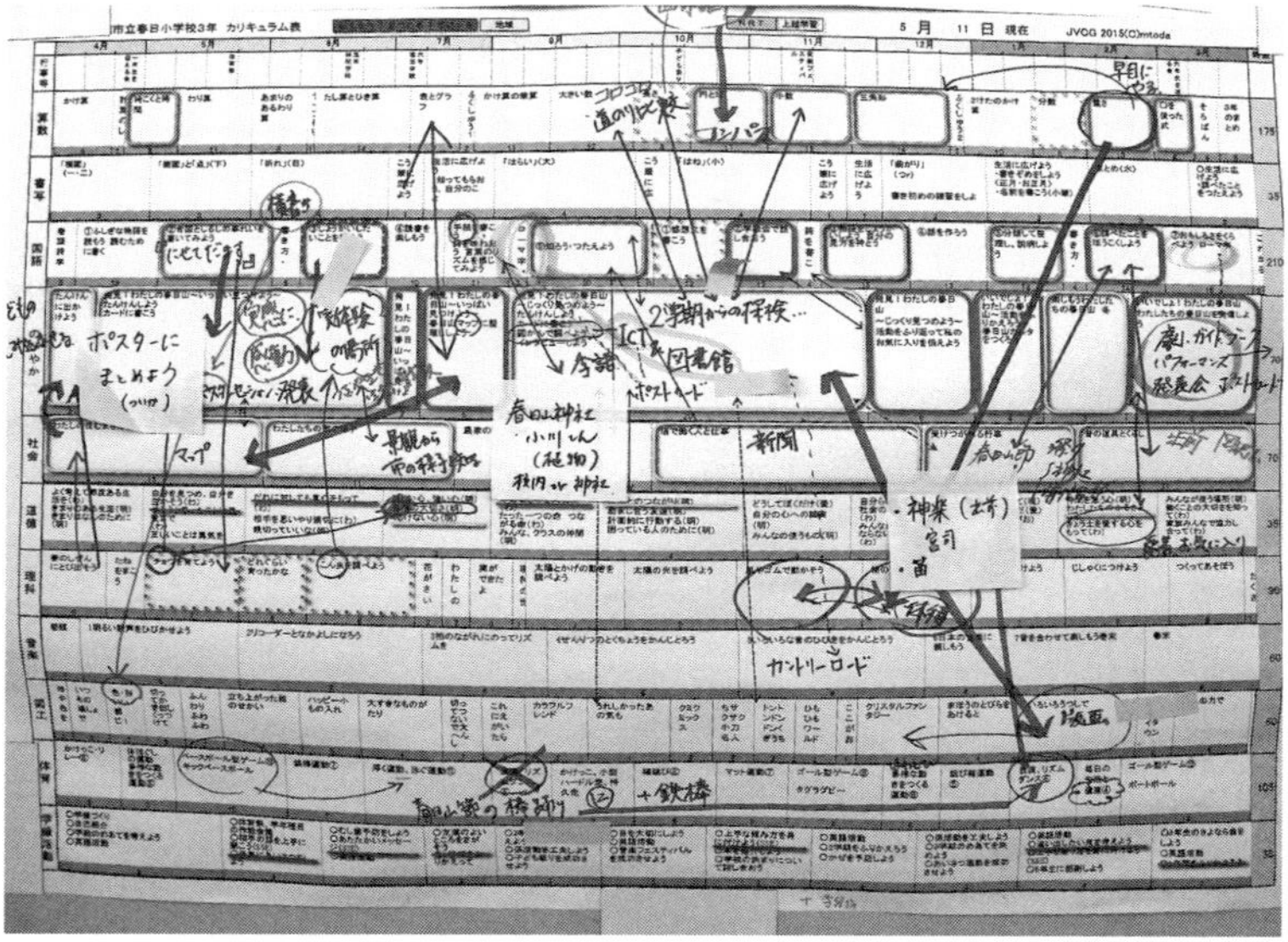

[Plan] 年度初めにカリキュラムを地域の方と共につくる。

↓

[Do] カリキュラム検討会を基に地域の方と共に実践をつくる。

↓

[Check] カリキュラム検討会で地域の方と共に修正する。

↓

[Action] 修正したカリキュラムをもとに地域の方と共に実践をつくる。

子供と地域の方が直接関わる前段階のカリキュラム作成の段階から、地域の方との協働をスタートさせます。そうすることにより、子供たちの「深い学び」を演出するお膳立てが整います。

そのためには、地域と学校の学びを連続させる上で何を目指すのかをお互いに共有することが欠かせません。そこで、地域の「どのような人に」「どの場面で」「どんな」役割を担ってもらうかを明確にします。

資料３　検討会によって修正されたカリキュラム

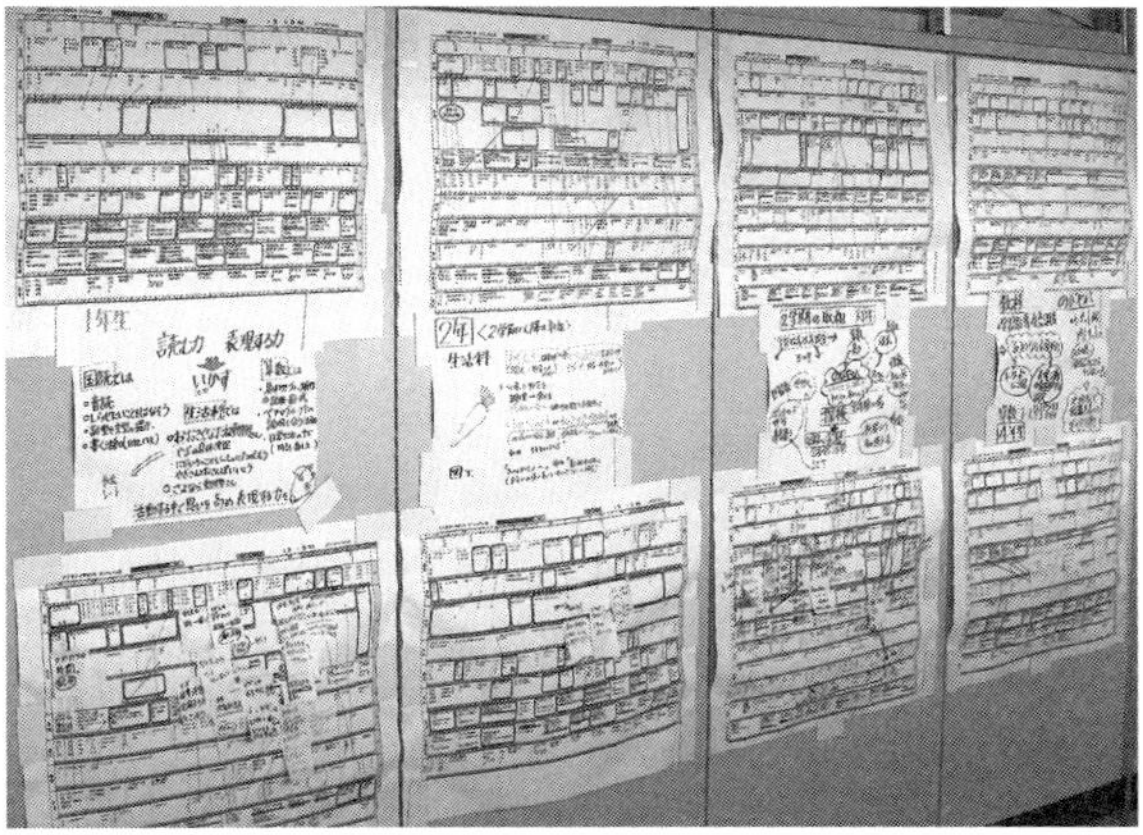

次に具体のカリキュラム検討において、「育成を目指す資質・能力」を明確化します。検討会によって修正されたカリキュラムは、地域の方も教師もいつでも見られるように、職員室の前に掲示します（資料３）。

３　地域と協働することを重視したカリキュラムで子供が育つ

地域の歴史や地域に暮らす人の思いや願いを学ぶためには、彼らとの対話が欠かせません。そこで、地域の人との対話を促すカリキュラムをデザインし、子供の学びや行動につなげていきます。

ア　対話を通して、対象への見方を広げる

Y小学校の3年生は、地域に愛着をもつことを単元の目標に据え、校区の「お宝」を見付ける活動を行いました。子供たちは、自分のお宝のよさや必要な情報を得るために地域で調べ学習を行います。

地域の中で自分で見付けたものは、子供たちにとって文字どおり自慢のお宝となります。しかし、子供たちの話し合いだけでは、学習のねらいを実現するようなお宝の価値付けを行うことは困難です。

そこで、「お宝鑑定団」と称して、地域のお宝に精通した人をゲストティーチャーに招き、子供たちの調べてきたこと、見付けた課題などへの価値付けをしてもらうことにしました。

地域の方との対話を通して、お宝一つとっても見る視点がたくさんあることを学んでいきました。このような学び方は、子供たちに「伝えたい」という思いをもたせ、次への課題をもつことにつながります。また、「お宝」は、「人」であり「もの」「こと」だけではないということに気付いてくれるようになります。

イ　対話を通して、自分の考えに自信をもつ

子供たちは自分たちが見付けたお宝を収録する1冊のガイドブックを作成しました。そして、コンビニや市役所にお願いに行き、そのガイドブックを置かせてもらえるよう

に頼んで回りました。

カイドブックには、（ただ見てもらうのではなく）裏に学校宛の住所を記載した葉書を付けたことで、ガイドブックを読んだ人からコメントが学校に届くようになりました。その教育的効果は計り知れないものがありました。子供たちは、地域の人にも学習の成果を認めてもらえたことに充実感をもち、「また調べたい」という思いを強くするだけでなく、地域への誇らしさをもつことができたのです。

さらに、葉書のやり取りを通して、地域と子供、双方向での対話が生まれました。このように地域の方と対話的に学ぶことで、子供たちが地域の人と一緒にお宝のよさ、課題を見付けていきます。

地域の方も、子供たちと一緒に考える機会を得て、共につながっていきます。本実践では、総合的な学習の時間の関わりにとどまらず、日常生活の中での関係をつくっていったのです。


（中山　卓）

子供の生活とつなぐ

1　子供の生活とつなぐカリキュラムづくりとは？

高学年の総合的な学習の時間（以下、総合）では、学習や活動を通して、生活を振り返って人間や社会生活のあり方を考える姿や、自分や仲間、活動で関わる人々を見つめ、よりよい自分のあり方を目指していくことが求められています。

どれだけ多くの知識や技能をもっていても、目の前にある問題を自分の問題としてとらえることができない、あるいはどのようにして問題を解決していったらいいかわからないというのでは、これから先、自分で考え、判断して生きていくことはむずかしくなります。総合で培った「知識・技能」が、「自らの生活に生きて働く実践的な知恵」となるようなカリキュラム・デザインが求められるゆえんです。

そこで、ここでは、「食」に関わる人や自分の生活をテーマとした同一校の2つの実践を通して、「実践的な知恵」を子供の生活につなげていくカリキュラムづくりを紹介します。

この2つの実践におけるカリキュラム・デザインのポイントは、次の3つです。

①子供の生活に生きるカリキュラムの創造から子供の「**本気**」を引き出す。
②子供の実態に応じて単元を構想し、「**行動**」化につなげる。
③宿泊を伴うインパクトのある共通体験を位置付けることにより、「**実践的な知恵**」を獲得できるようにする。

2　5年生「食」をテーマにした2つの実践から

①宿泊体験を位置付けたカリキュラムの創造を通して子供の本気を引き出す

現代は飽食の時代。どのお店にもありとあらゆる食べ物が、季節にかかわらず1年中並んでいます。そのため、中には「お腹が減ればいつでも食べられる」「嫌なものは食べなくていい」と考えている子供は少なくありません。

好きなものをいつでも口にできる現代の子供たちにとって、日常生活の中で日本の食糧問題を自らの問題としてとらえることはむずかしいものです。こうした課題に対して、この2つの実践は、現代の社会問題や子供の生活と結び付けた実践にまで高めていきたいとの願いから生まれました。

永年「食」をベースに、カリキュラムの継承と発展を繰り返し、単元開発してきた結晶とも言うべき実践です。継続した取組により、学校教育に対する地域の認知や協力体制も整い、「特色ある学校」の構築にもつながっています。

この実践の特徴的な活動の1つに、自分たちのつくった作物だけで2日間を過ごすという自給自足の「空腹体験」があります。「5年生になったら、自給自足の体験をしたい」そんな声が子供たちから聞こえてくるほど、この学びは伝承されています。

②子供の実態に応じて単元を構想し、「行動」化につなげる

「育成を目指す資質・能力」を検討し、必要に応じて学習内容やテーマへの迫り方を柔軟に変えていきました。たとえ同じテーマ（学習課題）であっても、子供が変われば実践も変わるからです。

2つの実践の一方は「わたしたちの食、そしていのち」（A年）、もう一方が「がんばろう日本！見つめ直そうわたしたちの〈食〉と〈生活〉」（B年）です。

いずれの実践においても、栽培活動や飼育活動、食の問題の調査活動、災害時の食生活などを通して、自分自身の食習慣や生活の中から課題を発見していきます。

子供のアイデアをどんどん盛り込みながら、単元を構想するところから学習はスタートします。この学習過程によって、活動を計画する構想力が身に付いていきます。

「新たな内容」を導入する場合には、その必要性について十分吟味します。学習のまとまりができるように必要に応じて精選します。このような試みは、あらかじめ学年のゴールを明確にしておくことによって可能となります。

カリキュラムの改善に当たっては、子供一人一人が、環境問題や災害時の食糧問題等

資料4　A年の単元構想略図

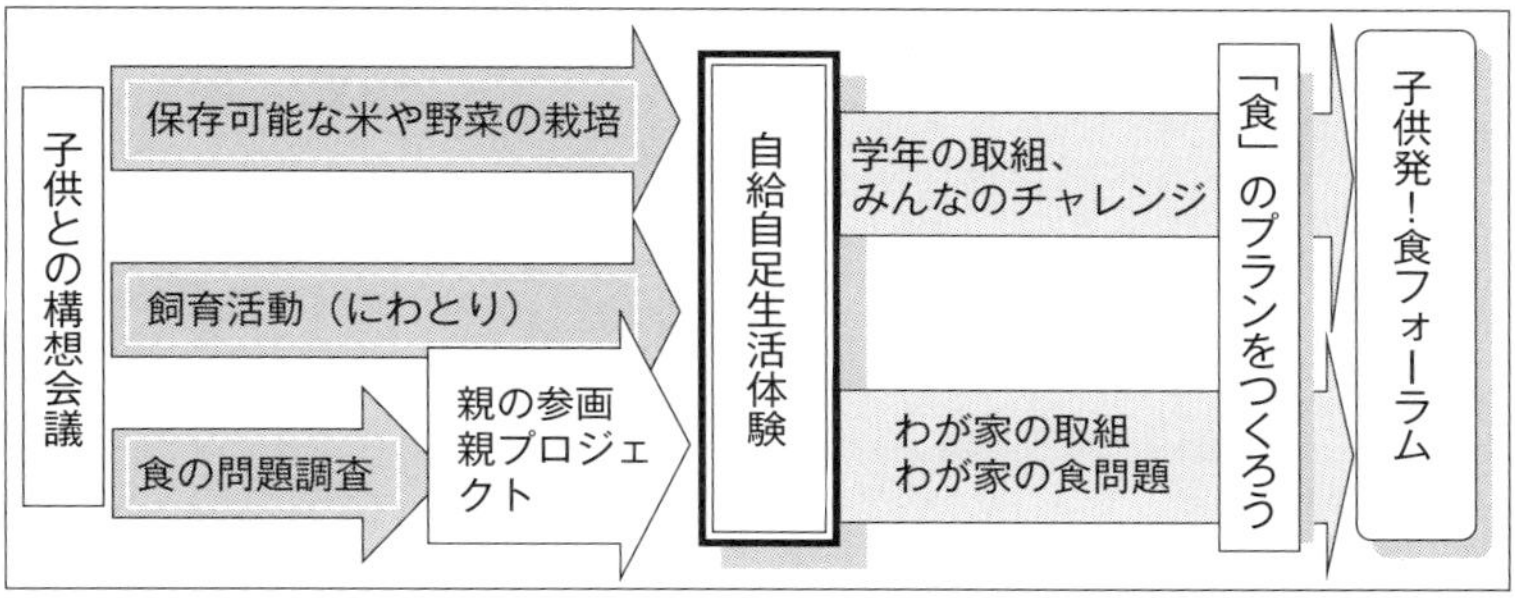

について十分に「知識」を獲得した上で、自分の問題として「行動」化できるものになるように配慮します。そのためには、体験を通して追究したり実感したりしたことを、自分の生活につなげるための構想になっているかが鍵を握ります（資料4）。

〈子供の生活とつなげるためのカリキュラムづくりの留意点〉

○子供と共に探究すべき課題を設定する。学習活動に子供のアイデアを盛り込む。
○日常の課題でありながら、切実感があって共通の関心がもてそうな内容を含み、価値のある体験かを吟味する。
○子供が身近なところから自分の手で調べることができる学習内容である。
○学習内容の追究が多面的にでき、広がりが期待できる。
○単元のゴールを子供と決定することで、子供の生活とつなげるための見通しがもてる。

③宿泊を伴う価値ある共通体験を位置付けることにより、実践的な知恵を獲得させる

2つの実践では、価値ある共通体験を設定することによって、子供たちの食習慣や家庭生活を見つめ直し、自己の将来の生き方を考えるきっかけとすること、そして、日常の行動とつないで成長していくことを企図しています。

資料5　「自給自足生活体験」の2日間

1日目
・ゲストティーチャーを招いて「食」に関する交流（ポスタートーク）
・「にわとりの今後」
・ゲストティーチャーを招いた学習会「世界の食糧事情」
・今日を振り返って

2日目
〔子供〕
・「食とわたしたちの体」授業
・2日間を振り返って
・親子で郷土料理を味わう

〔保護者〕
・保護者食の学習会
「若者の食が危ない」
・簡単手づくり料理（郷土料理）

・親子会議「わが家の食問題」

自給自足体験
・昼食
・夕食
・朝食
〈2つの実践で共通する体験活動の基本的な設定内容〉

2日間の体験活動中の1食あたりのカロリー摂取量は40～130カロリー。その年の総合のテーマやねらいによって、1食あたりの食事量や学習活動に若干の違いがあるものの、自分たちのつくった作物だけで2日間を過ごすという自給自足の「空腹体験」（宿泊学習）を行うことを共通とする。

〈自給自足の生活体験を子供の生活とつなぐ活動の実際〉

（A年の単元構想の柱）◎自給自足の生活体験　○栽培活動　○にわとりの飼育活動（肉と卵を期待する）　○「食の問題」調査活動　○親子単元調理体験活動　○安全

な食提案活動（フォーラム）

A年の実践―自給自足体験

この年の価値ある共通体験は、２日間の自給自足の生活体験です（資料5）。この自給自足体験を価値あるものとするため、春から食糧事情や食問題の調査活動、保存食になる米や野菜の栽培活動、にわとりの卵と肉を得る飼育活動に取り組みます。体験後は、親子で学ぶ食学習、子供発「食プラン」発行、「子供発！食フォーラム」（資料6）の開催へと展開していきます。

食事づくりは、冬場を乗り切るために、収穫した食糧の総量から算出した分だけを使用します。当然、量も少なく質素な食事です。

この自給自足の空腹体験は、子供を大きく変えます。

普段は何気なく食べているご飯。それを1粒ずつ噛みしめながら食べる姿、少ないおかずにため息をつきながらも完食する子供たち。

資料6　子供発！食フォーラム

「これまでいい加減に食べていた自分」「おなかいっぱいに食べられるありがたさ」「食糧不足で苦しんでいる人の気持ち」「食糧生産の大切さ」「毎日大量に捨てられる食べ物の実際」「命への感謝」など、これまで学習してきた知識が、自分の体験と結び付いた瞬間です。

この体験後、子供たち自身の食習慣の改善にもつながり、給食の食べ残しがなくなり、卒業まで給食の残量はゼロを記録しました。

自給自足の空腹体験後の「わが家の食問題」の単元に欠かせないのが、子供の食生活に最も大きな影響をもつ、保護者の方々です。そこで、自給自足の生活体験の2日間の最後は、親子会議を設定しています。

まず、「わが家の食問題その解決方法」を親子で相談し、食事を見つめ直します。子供がこれまでに培ってきた知識や、体で感じた空腹体験を総動員して保護者に語り、これからの食生活を変えていこうと提案する姿がありました。**子供が変われば保護者も本気になる**好例だと言えるでしょう。

この実践の最終ゴールは、学びのまとめとして学年の「食プラン」を発信することです。子供たちは、『あなたは自分の食べるものでできている』という冊子を刊行し、「より多くの方々に紹介したい」と地域のみなさんに向けて食フォーラムを開催するまでに学びを高めていきました。その姿からは、自分たちの力で解決の方策を見いだし、その壁を乗り越えていくたくましさが感じられました。

B年の実践―災害時の避難生活体験

この年の核となる活動は、2日間の災害時の避難生活体験です。災害が身近に起こったという設定のもと、災害について学び、避難生活を実体験しました（資料7）。体験後は、自分の生活を見つめ直し、災害地の小学校との交流、被災地への募金運動へと展開していきました。

資料7　食糧・災害その日、1日目夜

〈災害時の避難生活を実体験し、災害時に必要な実践的な知恵と生活をつなぐ活動の実際〉

（B年の単元構想の柱）◎災害時の避難生活体験　○栽培活動　○「避難生活」「災害時の食生活」調査活動　○被災地との交流活動（応援ソング作成）　○被災地復興募金活動

「災害その日」被災者の立場・気持ちに近付く

被災者の立場に立って考えることを目的にした「災害その日」1泊2日の内容を子供たちと共に考えまし

た。

夏休み中、それぞれの担任は、東北ボランティアに参加したり、現地を訪れたり、仮設住宅の方と交流する活動を行いました。その経験や被災地の教員の方との交流を通し、実際に家族として生活する自治組織をつくることにしました。

「自分ごととして考えるために確かな情報を入れたい」「水のろ過、上越市の防災体制はどうなっているのだろう」「被災者の声を聞きたい」など、自分たちが追究したいと思い願っていることについて、専門家を招いて実際に話を聞く機会を設けました。担任ができる部分、専門家に依頼する部分を分けて構想することで、子供たちの中で課題が整理され追究への意欲が高まります。

こうした活動を通して、子供たちが確かめたいことが明らかになりました。

○限られた「食」で過ごす（震災直後に配給されたものや量を想定）。
○電気を使わない生活をする。
○限られた水の量で過ごす。
○避難所と同じ体育館で共同生活をする。

体験後、親子で防災対策、避難のための対策を見直し考える「親子防災会議」を開催しました。親子で共に考えることにより、いざというときの備えを、さらに真剣に、自分ごととしてとらえられるようにすることを企図しています。

「避難場所は、〇〇だね」「家の中では、災害の備えは十分でないな」「自分たちが生き延びるには、〇〇が必要だと思う」など、親子会議や振り返りの作文から、課題が自分ごととなっている様子がうかがえます。

ふだんの何気ない生活が、実は決して当たり前ではないこと、そして、当たり前が当たり前でなくなったときにどう考え行動に移せばよいのかについて、改めて考え直すことができた2日間でした。

いつ起こるかわからない災害。ついつい自分とは無関係、遠いものだと思いがちなところを踏みとどまって、自分ごととして、そして、自分の生活と関連付けて考える実践となりました。

3　2つの実践から見えてきたもの

この2つの実践は、同一校が、永年、継承し発展させてきた実践です。

1年間の充実期に、宿泊を伴うインパクトのある体験を構想することで、子供の本気を引き出し、自分の行動を見つめ直す場を設定します。そうすることで、子供は自分の力で生活を改善していこうという意欲を高めていきます。

こういった実践を継続していくためには、総合を学校のカリキュラムの中核に位置付け、教職員の協働体制を機能させていく必要があります。

また、今回2つの実践を比べてわかったのは、自給自足体験や避難生活体験といったインパクトのある体験であっても、学習の展開によって、単元構成が大きく変わるということです。カリキュラム開発の意図や方法論が教職員全体に十分に理解されるとともに、従来の枠に無理にはめ込もうとせず、教職員の主体性に任せることの大切さが浮き彫りになりました。

「暮らしとつなぐ」カリキュラムをマネジメントしていくためには、これまで継承されてきた実践の成果がどのように学校に根付いているのかを明らかにすること、「知的財産」を継承しつつも、創意工夫を凝らして柔軟にカリキュラムをデザインし直していくこと、こうした切磋琢磨が大きな鍵となることが見えてきたのです。

（飯野　浩枝／炭谷　倫子）

1年の期をつなぐ

1　1年間の活動を俯瞰《ふかん》してみること

「1年の期をつなぐ」とは、「1年間の活動を俯瞰してみる」ことです。

目の前の活動を考えているだけでは、子供の深い学びにはつながりません。年間カリキュラムの単元間のつながりを考えたり、教科間の関連を図ったりと、教師が意図的に1年間を見通して構想していく大切さがここにあります。

では、どのように1年間を見通せばよいのでしょうか。それには、1年間をいくつかの期に分けて、それぞれの期にふさわしい教育活動を構想することが考えられます。**1年間という大きな流れの中で、いつ（の時期に）、何（どんな活動）が必要なのかを教師が意識的に構想することで、子供の学びの姿を具体化**します。

期ごとの子供の姿を具体的に思い描くことができれば、その学びは深まりを見せます。そのために、1年間を期に分けてつなぐのです。

2　1年の期をつなぐ3つの視点

では、どのようにして1年の期を分けるとよいのでしょうか。ここでは、1年間を構想する際に、以下の3つの視点に基づいて編成したカリキュラムの事例を紹介します。

①子供の成長・発達に合わせて、1年の期をつなぐ。
②子供の生活の節目によって、1年の期をつなぐ。
③季節の変化に合わせて、1年の期をつなぐ。

4つの発達期で編成する1年生カリキュラム

（笠井　将人）

1　1年生にふさわしい教育活動

1年生を担任して感動することは、子供たちの1年間の成長ぶりです。目を見張るほどに、彼らはたくましく成長します。それは素晴らしいことです。しかし、このことは、見方を変えると、1年生の成長ぶりに教師自身の対応が追いついていないことも意味しているといえるでしょう。

そこで、本事例では、1年間を4つの発達期に分け（資料1）、目を見張るほどの子供の成長・発達の変化を見通せるカリキュラムについて考えていきたいと思います。

2　4つの発達期で編成したカリキュラムの実際（資料2、3）

A　幼児教育での育ちをつなぐ

Ⅰ期は、小学校にあがった一人一人の子供たちが、（自立心や協同性といった幼児教育での育ちの延長として）自らを発揮させながら、他者との関わりの中で、学校生活への適応

資料1　1年生の1年の期をつなぐ4つの発達期

発達期	カリキュラム編成の視点
Ⅰ期　4月～5月上旬 環境の変化に伴う不安や未知なことへの期待が大きい時期	◎友達づくりを中心に進め、教科の区分を行わず、中核となる活動によって教育活動を構成する。 ◎学校の人やものに働きかけながら学校生活への適応を図るようにする。
Ⅱ期　5月上旬～7月 自分から対象に向かって動きはじめ、自分の思いを表出してくる時期	◎「活動場所や学習材をつなぐ」という視点で、教科間の融合を図り、子供の思いや意識の連続が図られるように活動を展開する。 ◎徐々に教科に分科させていく。
Ⅲ期　9月～1月 行動範囲が広がり、活発になる。計画や見通しをもった行動、グループ活動なども数多くできるようになる時期	◎生活科での体験を表現活動とつなぎ、合科的な展開を継続する。 ◎大きな素材を扱い、必然的にグループ活動を引き出す。 ◎学習計画づくりを子供が行うような単元を取り入れる。
Ⅳ期　2月～3月 特定の友達との関わりが強くなる。徐々に進級を意識する時期	◎自分のしてきたことを振り返ったり、まとめたりしながら、自己肯定感や有用感を高めていけるようにする。 ◎入学予定の園児との関わりをつくり、自分から他者に働きかけるようにする。

10	11	12	1	2	3

Ⅲ期

発になる。計画、見通しをもった行動も可能になる。
ループ活動もできるようになる。

図工・音楽の表現活動とつなぎ、合科的な展開を継続する。
的にグループ活動を引き出す。
行うような単元を取り入れる。

Ⅳ期

・特定の友達との関わりが強くなる。
・徐々に進級を意識する。

・してきたことを振り返ったり、まとめたりして、自己肯定感や有用感を高める。
・入学予定の園児との関わりをつくり、他者への働きかけの場をつくる。

よう
き

わたしの どうぶつさん

ジャンボ ゲーム
○大きなだんぼーるであそぼう
○ゲームをかんがえよう
○しょうたいしよう

どうぶつさんと いっしょ

ぐんぐん すごろく

(70)

どうぶつさん ありがとう

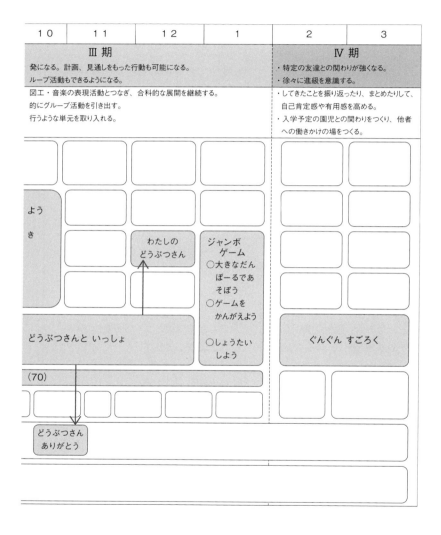

資料２　第１学年４期編成　年間カリキュラム

月	4	5	6	7	9
発達期	Ⅰ期 ・とまどいや期待が大きい。	Ⅱ期 ・自分から対象に向かって動きはじめ、自分の思いを表出してくる。			・行動の範囲が広がり、活 ・友達の考えを受けてのグ
編成の視点	・教科の区分は行わず「みなさんよろしく」という意識で展開する。	・「活動場所や学習材をつなぐ」という視点で、教科間の融合を図り、子供の思いや意識の連続が図られるように活動を展開する。 ・徐々に教科に分科させていく。			・生活科での体験を体育・ ・大きな素材を扱い、必然 ・学習計画づくりを子供が

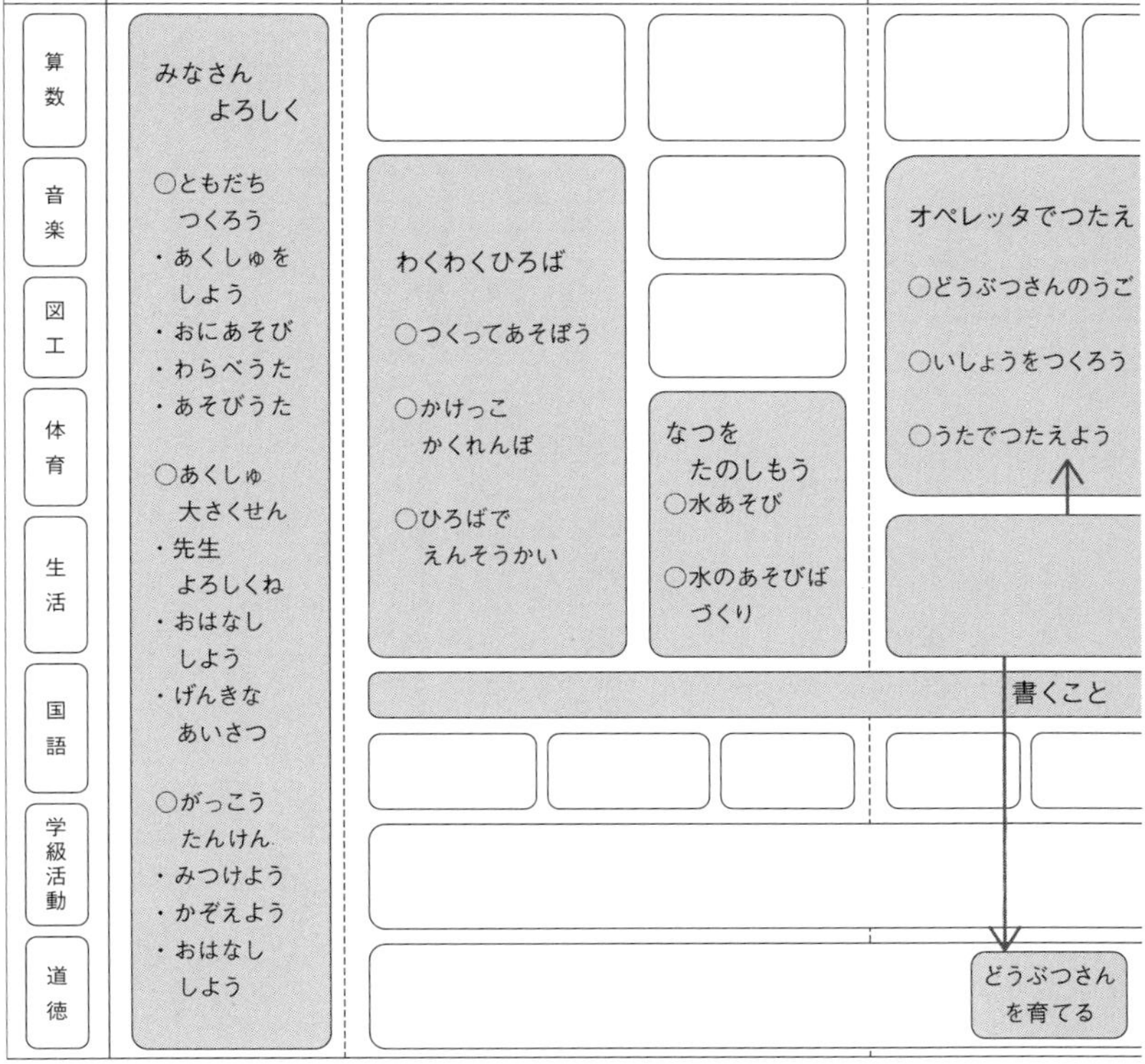

資料３　１年間のカリキュラムを俯瞰する

A　幼児教育での育ちをつなぐ

Ⅰ期では、自立心や協同性といった幼児教育での育ちを受け、自分を発揮しながら他者との関わりの中で、学校生活への適応を図ることを第一とする。教科に区分せず、総合的に展開する。

B　体験と表現をつなぐ

Ⅱ期以降では、生活科をカリキュラムの中核に位置付けて展開する。生活科で体験したことを他教科等での表現活動につなぐ。

D　子供の思いや意識をつなぐ

生活科の動物飼育を中核に据え、子供の思いや意識をつなぐ形で他教科等との関連を図る。

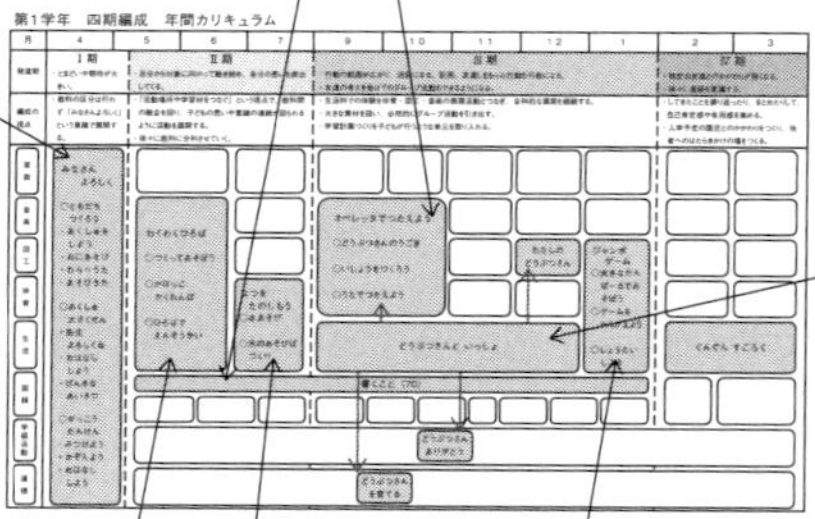

C　活動場所や学習材をつなぐ

子供の活動欲求や活動力をもとに、教科を融合して活動を進める。教科の内容を取り込みながら、子供たちの多様な活動を生み出していく。

を図っていく時期と位置付けます。

自分の思いを伝えながら、学級の友達と一緒に仲間づくりを進めたり、学校の「人」や「もの」に働きかけたりする時期です。この段階では、子供にとっての教科の区分はありません。遊びや探検、握手といった活動を繰り返していくことを通して、教科の内容が子供の中で合科的に身に付いていくようにします。

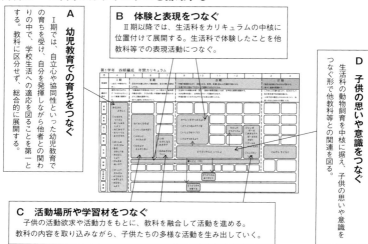

B　体験と表現をつなぐ

Ⅱ期以降では、生活科をカリキュラムの中核に位置付けます。

生活科を中核に据える理由は、生活科のねらい「自立への基礎を養う」ことにあります。生活科の学びは、よりよい自分の生活をつくることであり、学ぶことと自己形成が一体です。さらに、生活科で体験したことを他教科等での表現活動につなぐことができます。

そこで、合科的・関連的指導を行うためにも、生活科の授業の近くに、表現活動を伴う教科（体育科、図画工作科、音楽科）をカリキュラム表に配置します。併せて、生活科の体験活動の次の時間に国語科の「書くこと」の活動を位置付けます。

C　活動場所や学習材をつなぐ

「活動場所や学習材をつなぐ」とは、子供たちの活動場所や学習材の様々な価値付けを行い、子供の活動欲求や活動力をもとに、教科横断的な視点で学習活動を展開することを意図しています。

ここでは、5月から6月にかけて展開する「わくわくひろば」（単元）を紹介します。

1年生の子供たちが、校地の一角に「わくわくひろば」をつくります。教師は、多様な材料を用意しますが、何をつくるかは子供たちが決めます。遊び場ができたり、秘密基地ができたりと、子供たちにとって「わくわくひろば」は、友達と関わりながら活動する楽しい場所となっていきます。

「わくわくひろば」では、かけっこや鬼遊びなど多様な活動を楽しんだり、ひろばの完成をお祝いして家族の方を招待し、演奏会を開いたりします。この場所が、各教科等の内容を関連付けながら、子供たちの多様な活動を生み出していく場となります（資料4）。

D　子供の思いや意識をつなぐ

動物飼育を行う1年生の生活科を軸にして、教科横断的な活動を展開していきます。例えば、飼育活動のために動物を貸していただいた方に宛てて、動物の様子を知らせる手紙を書きます（国語科）。動物とのお別れの際には、思い出の作品づくりを行います（図画工作科）。また、飼育に関わる話合いやお楽しみ会も企画します（学級活動）。ほかにも、飼育中に起きた子供同士のトラブルをとりあげて、どうすればよかったのかをみんなで考えます（道徳の時間）。

資料4　子供たちは、「わくわくひろば」で多様な活動を生み出す

このように、子供の思いや意識をつなぐ形で他教科等との横断的な指導を図っていきます。「子供が活動をつくり出す」「子供の思いや意識のつながりを大切にする」という視点から活動の継続性や関連性を図り、子供の学校生活を充実できるようカリキュラムをマネジメントしていくのです。

（上原　進）

生活科の学びを総合的な学習の時間の学びにつなぐ

1　3年生にふさわしい教育活動

小学校では、1、2年生で生活科、3～6年生で総合的な学習の時間（以下、総合と略）で学習します。ちょうど総合がはじまる区切りの時期である第3学年は、言わば総合の入門の時期であるだけでなく、生活科から総合への移行する時期であるとも言えます。

そのような意味で、3年生の1年間の学びをどのようにマネジメントするかが鍵となります。そこで、子供たちが生活科でどのようなことを学んできたのかを踏まえて1年間の活動を構想・展開し、生活科での学びが総合での学びに引き継がれるよう工夫します。

まず、総合の入門の時期に必要なカリキュラムをつくっていきます。

具体的には、①没頭する活動、②探究する活動、③表出する活動の3つで学習過程を編成し、①から③を繰り返しながらスパイラルに展開することによって、活動の質を高めていくようにします。3年生にとっては、この繰り返しが活動の安定感を生み、学びの質を深める土台になります。

この実践では、1年間を、移行期、拡充期、充実期の3つの期に分けて活動を編成します。

各期で①~③の学習過程を経ながら活動を展開していきますが、期によって重視する活動を変えます。移行期では①没頭する活動を重視し、拡充期では②探究する活動を重視し、充実期では③表出する活動を重視します（資料5）。

生活科では、対象に繰り返し関わることが大切です。そこで、移行期で生活科での学びを生かしながら、納得のいくまで対象に関わりながら活動し、拡充期・充実期で対象や課題に対する自分の考えを深め、形成していけるようにします。

このように、各期で学びの移行を意識して活動することによって、生活科での学びが総合へ引き継がれるようにします。

2 「ごちそう」から「ごちそうさま」へ

3年生の総合「発見！私のごちそう」という活動を紹介します。身近な食と向き合い、食に対する子供たちなりの考えをもつことをねらった実践です。

A 移行期の活動

資料５　１年間を３つの期に分けて活動を充実する

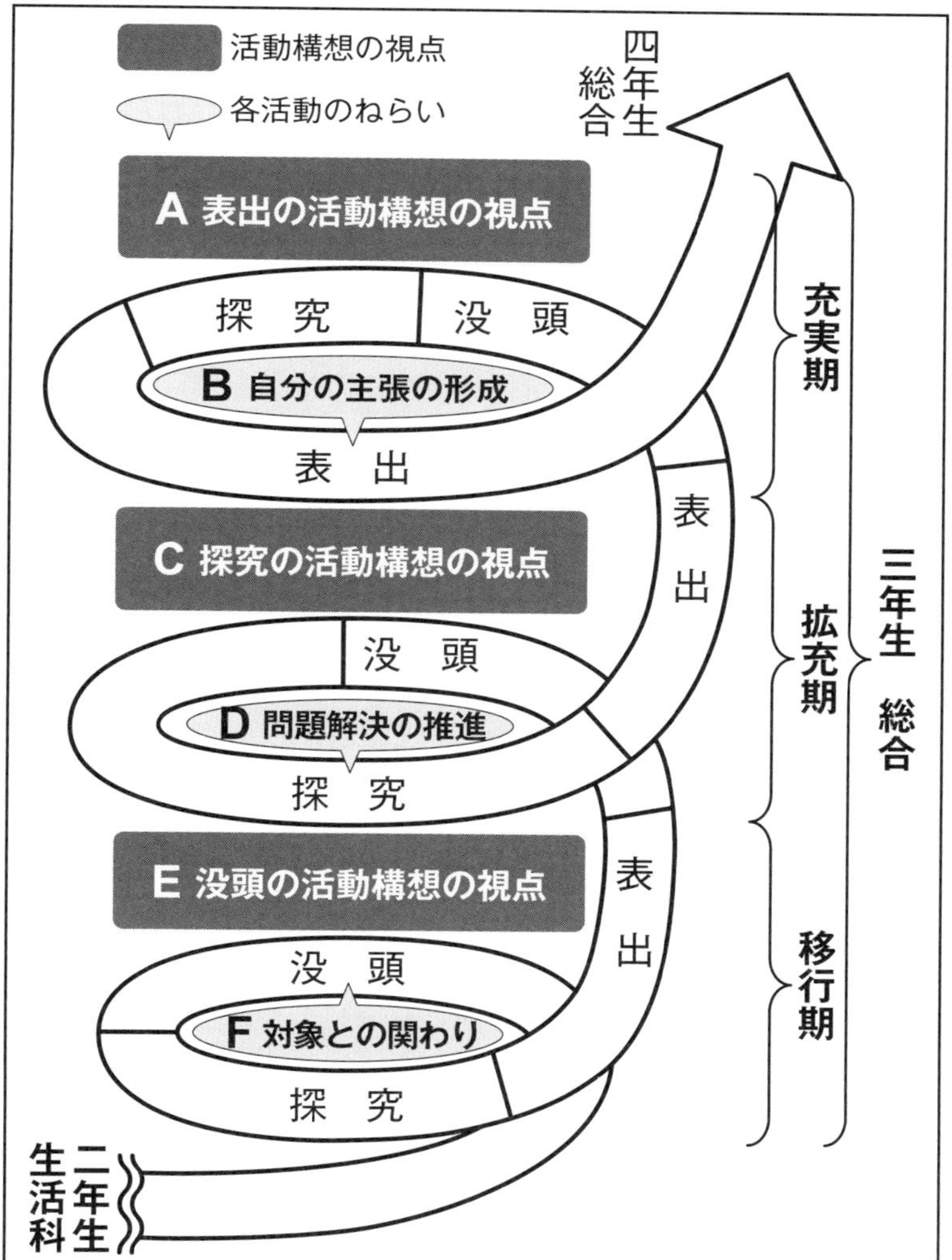

移行期では、地域の畑に子供たちが納得のいくまで足を運び、地場産野菜と多面的に関われるようにしました。畑で栽培されている野菜を見た子供たちは、どんな野菜が育てられているのかと興味をもちました。

調査活動によって季節と野菜の関係や栽培方法の違いを知り、体験活動によって生産者の苦労や努力を実感することができました。そして、実際に食べてみて、そのおいしさに驚き、地場産野菜が大好きになりました。

野菜の瑞々しさをはじめ、生き物の感触、土や雑草の匂いといった畑で体験したすべての事柄が、子供たちの諸感覚を通して学びになり、対象である地場産野菜への愛着につながります。このように、対象と繰り返し関わることで、対象を多面的にとらえるとともに、心情的な関わりを深められるようにしました。

B 拡充期の活動

拡充期は、子供たちが移行期で興味をもったり、疑問に思ったりしたことを意欲的に探究できるようにする期です。3年生らしい活動的な学びを意識しながらも、調査方法やまとめ方を学びながら活動します。

子供たちは、家庭でよく使われている地場産野菜やそのレシピ、給食で人気のある郷土料理等の様々な探究活動を行いました。そして、それらの学びを土台にして、焦点化し、学級全体で「毎日食べている食事はごちそうか」という課題を探究しました。

それまでの探究をもとに、調査活動と話合い活動を並行して行い、「毎日食べている食事はごちそう」という考えを導き出しました。このように、子供の探究を保障し、支援すれば、子供たちは対象と課題に対する考えを形成できるようになります。

C　充実期の活動

充実期は、拡充期で紡いだ子供たちの学びと願いを十分に表出できるようにする期です。

そこで、「学校や家庭での毎日の食事には多くの人の思いや工夫、努力がこめられていること」「ごちそうさまという言葉の意味や大切さ」等を全校の子供たちや保護者、地域の方に発信しました。

学習したことをまとめたパネルを見せながらわかりやすく発表したり、クイズや劇に

資料６　子供の活動の様子

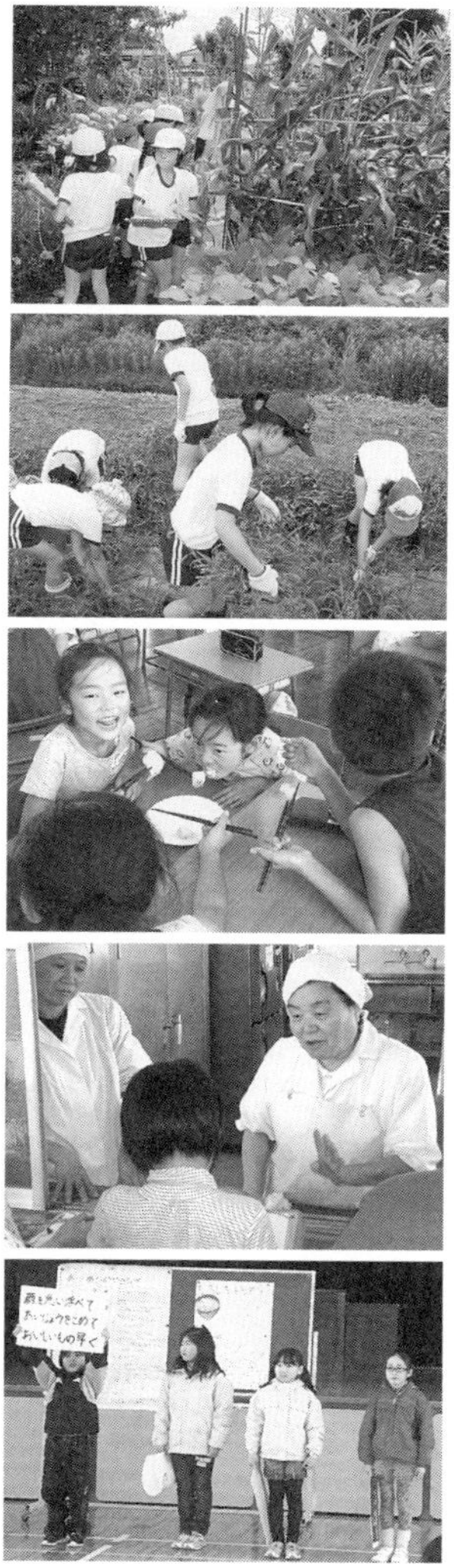

取り入れて聞き手を引き付けたり、作詞作曲した歌で思いを伝えたりしました。このように発信に向けて支援することで、子供たちの学びを深めたり、広げたりできるようになります。

（相馬　修）

総合的な学習の時間を通じて、1年後の子供の姿を思い描きながら1年の学習をつなぐ

総合的な学習の時間（以下、総合）の年間構想をするとき、まずどんなことを考えるでしょうか。

「5年生だから、米かな」「子供と一緒にこんなことをしたいな」など、様々だと思いますが、特に次の点を強調したいと思います。それは、1年後の子供の姿を思い描くこと。4月に出会った子供が翌年の3月にどんな子供になっていてほしいのかを具体的な姿でイメージします。

ここでは、学習材と関わりながら子供が1年間考え続けるテーマを考えてみます。例えば、「自然と関わる自分」「食と自分」などです。自分と学習材との関わりをテーマに据えることで、1年後の子供の姿を教師が思い浮かべる際にイメージしやすくなりま

す。

1年後の姿を思い描けたら、次は、学習材と子供との関わりについて考えます。1年を俯瞰して見たときに、どの時期にどのように学習材と関わらせるのかについて、おおまかにストーリーを描いておきます。

ここで紹介する実践では、子供の学習材との関わりの視点から、1年を3つの期に分けてカリキュラムをデザインしています（資料7）。

1　学習材を自分ごととしていくための第1期

第1期では、身近な学習材とどっぷりと関わることで、学習材が自分ごとになっていく姿をイメージしました。

身近な学習材は、何度も関われるというよさがあります。何度も関わる中で、「よく知っているようで知らないこと」「視点を変えて見ることで初めてわかること」など、子供の中に新しい気付きが生まれます。そして、もっと学習材に関わりたいという思いを強くしていきます。その過程で、子供は、学習材を自分ごととしてとらえられるようになります。いったんそうなると、「次はもっと○○したい」「△△はなんでだろう」とよりいっそう主体的に学習材に関わろうとするようになります。

4年生の実践で、朝市を学習材とした総合の実践をしたときのことです。何度も朝市

資料7　１年を３つの期に分けた年間カリキュラム構想の視点

期	学習材と関わる子供の姿を思い描く	年間カリキュラム構想の視点
第1期（4月~6月）	◎身近な学習材とどっぷりと関わることで、学習材が自分ごとになっていく姿を思い描く。 ・身近な学習材との関わりを楽しみながら、「次はこんなことをしたいな」という思いを強めながら活動に取り組む姿 ・自分の取り組みたい問題を追究していく姿	・身近な学習材と何度も関わる機会を設ける。 ・関わってきたことや、体験してきたことを振り返り、次時の活動につなげられるように促す。
第2期（7月~11月）	◎課題を自分ごととして、学習材と関わっていく姿を思い描く。 ・身近な材と違うものと比べてみる姿 ・学級全体で問題の解決に向かって、取り組む姿	・意図的に、子供に考えさせたい「人・もの・こと」に出会わせる。 ・個の追究の視点から得た学びを、全体の問題解決に生かせるようにする。
第3期（12月~3月）	◎社会問題につなげて、問題を解決していこうとする姿を思い描く。 ・問題解決の方法を練り直し、再度取り組む姿 ・第２期の問題を解決したことをさらに深めて取り組む姿 ・自分の学びをまとめたり、伝えたりする姿	・第２期の問題をさらに焦点化したり、深めたりすることで、社会問題と関わらせた問題を想定する。 ・１年間の学びをまとめ、もう一度学習材について考える機会を設け、自分自身の生き方に照らして考えさせる。

に足を運び、買い物を楽しんだり、調べ活動をしたりする活動を繰り返したところ、お店の人に自分から話しかけ、疑問に感じたことを聞くといった姿が見られるようになりました。そして、「先生、明日は朝市がやっているので行こうよ」と自ら教師に働きかけるほどに次の活動への楽しみを口にするようになったのです。

2 みんなで1つの問題を解決していく第2期

第2期では、自分ごととして学習材と関わってきた子供たちが、みんなで1つの問題を解決していく姿をイメージしました。その際、より学びを深めることを意図し、子供に考えさせたい問題を想定することを重視しました。

環境問題、食糧問題など、現代社会につなげて考えられる問題を設定することで、学習材と同様に自分ごととしてとらえ、持続可能な社会への意識に高めていくことを企図したのです。

その一方で、ただ活動を繰り返すだけでは、第2期で求めたい子供の自発的な問題意識には至らないと考えました。そこで、新たな「人・もの・こと」と出会わせることを特に意識しました。具体的には、「まちづくり（地域活性化）」の視点で考えさせたいと思い、朝市のお店の人の本音を聞く場を設定したのです。すると、子供たちは、「昔の朝市みたいに、もっとたくさんのお客さんにきてほしい」「朝市を通して地域を盛り上げたい」という本音に出会うことができました。このことが、子供の心を動かし、問題意識につながっていきました。

その後、全校の子供たちや保護者に向けて、オリジナル朝市ソングを歌って朝市のよさを伝えたり（資料8）、朝市フェスティバルを開いて、地域の人に呼びかけたりする活動に進展していきました。それはまさに、本気になって取り組む子供の姿でした。

資料8　オリジナル朝市ソングで思いを伝える子供たち

3　より現実社会とつなげて考えていく第3期

朝市フェスティバル後、「次の朝市開催日にはきっとお客さんが増えるだろう」と子供たちは期待していました。しかし、実際には、予想に反して参観者はあまり増えていません。

この結果をもとに、みんなで話し合うことにしました。

「たくさん人がいる駅に行って、ちらしを配ったほうがいいんじゃないかな」「朝市の近くでパレードをして、地域の人を呼び込もう」などと、第2期の活動を振り返りながら、「場所」や「伝

資料9　期ごとの主な学習活動

第1期（4月～6月）	第2期（7月～11月）	第3期（12月～3月）
総合のテーマ決定 → 朝市を楽しむ「わたし」 → 朝市調査①	→ わたしのいちおし研究レポート → 朝市トークで本音を聞こう → もっと朝市プロジェクト～朝市フェスティバル～	→ 朝市調査② → もっともっと朝市プロジェクト～朝市を盛り上げたい～ → 朝市トーク② → これからの自分

える方法」に焦点化した話し合いです。そこには、課題解決を図るために真剣に考える子供の姿がありました。

しかし、子供が真剣になったからといって、課題そのものが、そう易々と解決するわけではありません。たとえ解決の糸口が見えたように見えても、また新しい課題が出てくることもあります。このような困難な場面に出会ったとき、思うようにならなかった結果をいかに受けとめて、次の活動につなげていけるかが、第3期の鍵を握ります**（資料9）**。

また、第3期は、1年間の学びのまとめの期でもあります。1年間を振り返り、もう一度学習材について考える機会となります。この機会に、ぜひ子供には自分自身の生き方と照らし合わせるような振り返りにしていけるようにしたいものです。

＊

1年を3つの期に分けて総合の年間カリキュラムを

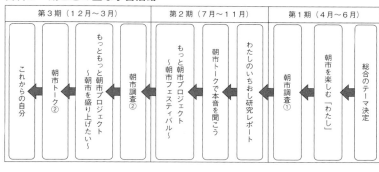

マネジメントする事例を紹介しました。それぞれの期をしっかりつないでいければ、1年後の子供たちにとってすばらしい学びとなっていることでしょう。

（笠井　将人）

人をつなぐ

教職員やまわりの人をつなぐ

1　なぜ「教職員やまわりの人をつなぐ」のか

子供たちの教育活動に資する人的・物的資源（内外リソース）を積極的に活用したカリキュラムが求められています。この人的・物的資源には、家庭や地域のもつリソースが含まれるのはもちろんですが、事務職員や技術職員といった学校で働く多様な人たちとの協働も含むものと考えます。

子供にとって学校は、学習の場であり生活の場です。子供は、その学習や生活の場で多様な人々と関わったり、様々な体験を積み重ねたりしながら、日々の学びを深めています。そうである以上、教師以外の職員も大切なリソースだといえます。諸活動に関わる学校内外のすべての人たちが一丸となって子供を守り、育てる関係づくりも

資料1　「教職員やまわりの人」をつなぐイメージ

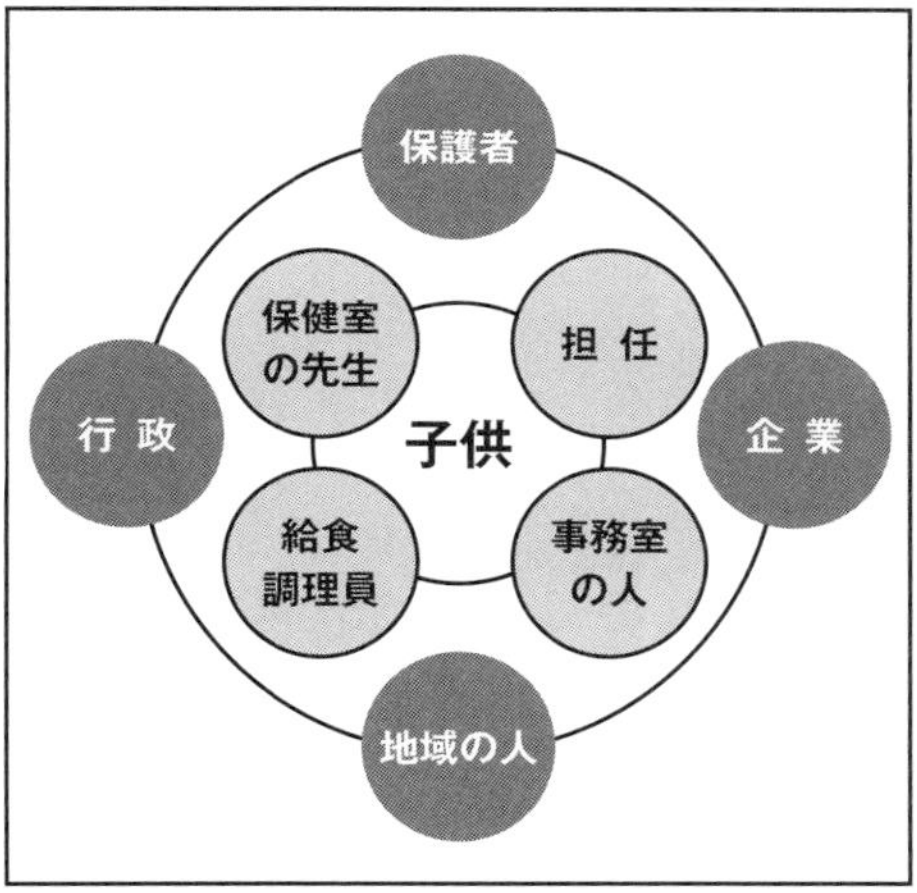

またカリキュラム・マネジメントの大切な要素だからです（資料1）。
教職員やまわりの人をつなぐ活動を進めていくと、子供は多様な人々との関係性の中で、それまで思いもしなかった豊かな教育活動になるのです。

資料2　「教職員やまわりの人」と各教科等や総合をつなぐイメージ

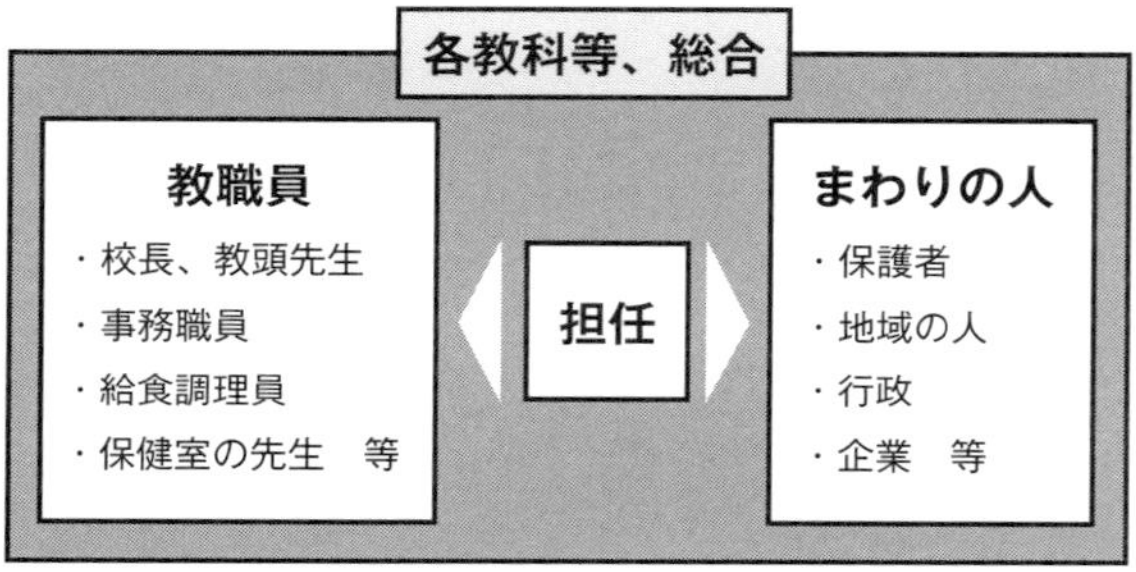

2　「教職員やまわりの人」をつなぐ学習計画の必要性

教師が各教科等や総合的な学習の時間（以下、総合）を構想する過程で、担任教師だけではなく、教科担当教員や養護教諭等の教職員も含め、まわりの人をつなぐ学習を計画することが大切です（資料2）。学習構想は、年間指導計画に位置付き、学年（学級）のカリキュラム上に配列されることで生かされます。

さらに、一人一人の教職員が大切にしている目指す子供像を、職員会議や学年部会、放課後の時間などの場で話し合ったり、相談したりする場を意図的に設定することによって、教職員同士がつながっていきます。

また、それぞれの教職員がつかんでいる情報を職員間で共有できる仕組みを校内で設けることで、いち早く情報をキャッチした教職員は、直接、まわりの人とアポイントメントをとったり、他の教職員を巻き込んだりしながら互いにつながっていきます。

そこで、本ミッションでは、「教職員やまわりの人」をつなぐ活動の実際を見ていくこととします。

（猪又　智子）

職員の間をつなぐ

―［第1学年］生活「がっこうたんけんたい　すてきな○○さん」の実践より

1　人との関わりを中心とした単元を構想する

小学校に入学した子供が、幼児教育で身に付けた力を発揮できる場を保障することが求められています。また、安心して学校生活を送ることができ、子供自らが対象に主体的に働きかけようとする姿勢を育てることが大切です。

幼児教育では、環境を通して学ぶことを大切にします。そこで、小学校教育においても、第1学年においては、環境に自ら働きかける場面を設定することで、子供たちが驚きや喜びなどを感じながら学校生活に慣れ親しんでいけるようにします。

ここでは、生活科の内容(1)「学校と生活」を受け、人との関わりを中心とした単元を通して、複数の職員が単元のねらいを共有し、子供に関わっていった事例を紹介します。

2 どのように、子供と身近な人々をつないでいくか

1年生の子供にとって、学校は未知の世界です。様々なことに興味・関心を抱く一方で、不安な気持ちになる場面も少なくありません。こうした不安は、子供自身が学校の施設や学校で働く人のことをよりよく知ることで解消することができます。学校で働く人は、みな子供の安全や安心のために働いています。しかし、この事実や価値を子供が自らの気付きでとらえることは困難です。教師の仕かけが必要なゆえんです。

本実践では、担任が養護教諭、事務補佐員、警備員と連携して、子供が学校で働く人と出会い、一緒に活動する単元づくりを進めました。

子供が体験する仕事は、次のとおりです。

［養護教諭］健康日誌の記載、校内の見回り
［事務補佐員］前庭やグラウンドの草取り
［警備員］校地内の巡視

本単元構成で大切にしたいことは、「繰り返し」です。そこで、この体験活動は仕事を変えながら複数回行うことにしました。また、どの仕事を体験するかについては、子供に選ばせせました。

まず、場所を指定して学校探検をする時間を繰り返し設定します。活動内容を焦点化することで、どの子供にとっても見通しがもてるようになります。見通しをもてると、子供は安心して学習に臨めるようになります。

学校探検後、学校の地図上に子供が気付いたことをまとめます。友達がまとめた地図と見比べれば、自分が思いもしなかった気付きが生まれます。

子供は自分の気付かなかったことに興味を示します。このような興味・関心は、次の探検や休み時間に探しに行く姿として表れます。自ら主体的に働きかけようとする態度が単元を通して育まれていきます。

学校探検を繰り返していくうちに、子供たちの視線は学校で働く人にも向きはじめます。それは、「あの人は何をしてるんだろう」といったつぶやきに表れます。こうした新しい興味を見取って、学校で働く人との活動につないでいきます。

学習活動のスタートは、学校で働く人の名前や、どういう場所でどんな仕事をしているのかを調べます。その上で、学校で働く人たちの日常的な仕事を子供が体験できるようにします。

学校で働く人の仕事を自分なりに体験するによって、「おもしろそうだ」という好奇心が、「たいへんなんだ」「私たちのために一生懸命働いてくれているんだ」という気付きに変容していきます。これは体験することによって、子供の中に実感が生まれているからにほかなりません。

資料３　前庭の草取りの様子

３　実際の授業における子供の姿

Ａ児は、事務補佐員の方と前庭の草取りを体験しました（資料３）。体験後、Ａ児は次のように振り返っています。

〈１回目〉

１年２組の前で草取りをしました。またやりたいです。もし私が事務補佐員さんのお手伝いをしていたらきっと疲れるだろうと思っていました。やっぱり疲れました。でも、事務補佐員さんはニコニコしていました。

〈２回目〉

今日は、事務補佐員さんがブランコの後ろの木を切っていました。どうして切るのかわかりませんでした。

〈3回目〉

事務補佐員さんがこういうことをしてくれていることが一緒に仕事をして初めてわかりました。

学校で働く人と一緒に仕事をすることで、見ているだけでは気付かない仕事の大変さや忙しさを実感したようです。そこで、活動を3回行った後、気付きを交流する場面を設定しました（**資料4**）。

資料4　気付きを交流するA児の様子

C　警備員さんは僕たちが勉強しているときに学校を見回ってくれてすごいです。

T　今、警備員さんのことをすごいって言ってくれた人がいるけど、養護の先生や事務補佐員さんのことをすごいなと思った人はいますか。

A児　事務補佐員さんは、毎日忙しいと思いました。すごく暑いのに毎日一生懸命に働いています。私は手が疲れてしまいました。

事務補佐員さんは、ニコニコしていてすごいです。

この後、事務補佐員さんに教室に来てもらい、「なぜ、毎日前庭の草取りをしているのか」その意味を話してもらいました。「みんなに楽しく安全に前庭で遊んでもらえるようにするためだよ」という言葉に、子供たちは感謝の気持ちを抱きました。私たちのために、学校で働いてくれている人がたくさんいるのだということを初めて知った子供は、手紙を書きたいと思うようになりました。

資料５　A児の手紙

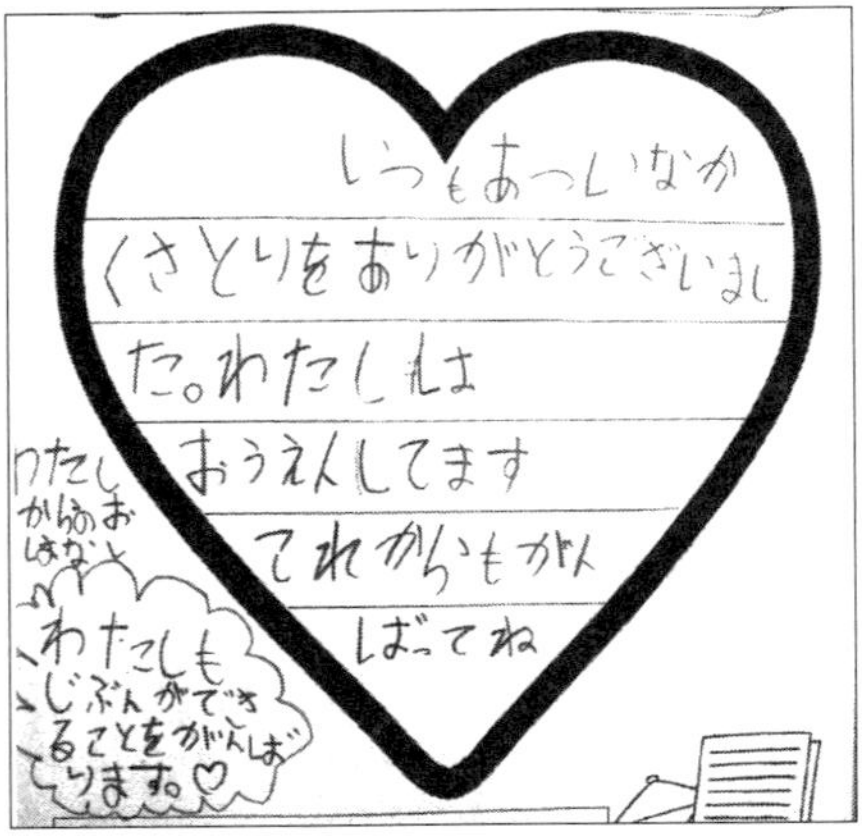

事務補佐員さん　いつもあついなか　くさとりをありがとうございました。わたしは事務補佐員さんのことを　おうえんしています。事務補佐員さん　これからも　がんばってね。わたしも　じぶんにできることをがんばります。

このように、A児は、事務補佐員さんと一緒に仕事をすることを通して、心を寄せて、「わたしもじぶんにできることをがんばります」と記述しています（資料5）。この記述から、A児が意欲をもって生活しようとしている姿がうかがえます。

A児は、この後も警備員さんや保健室の先生とも一緒に仕事をしました。このような関わりをもったことで、「学校にはいろいろな大人がいて、みんなわたしたちのためにがんばってくれているんだ」という気付きが生まれました。A児は、今も学校で働く人に出会うと自分から挨拶をしたり話しかけたりしています。

＊

担任が職員間をつなぎ、単元を展開することで、子供は、安心と自ら主体的に働きかける姿勢を育むことができることを、私は子供の姿から学びました。

（三星　雄大）

健康教育を通して教職員やまわりの人をつなぐ

1　健康教育を通して教職員やまわりの人をつなぐとは？

生涯にわたって健康な生活を送っていくためには、幼児期から学童期において、「栄養」「休養」「睡眠」（健康三原則）を意識した基本的生活習慣を確立することが大切です。

この時期の子どもは、自分一人の力で生活習慣を身に付けていくことはむずかしく、保護者や家庭の協力を得ながら成長していきます。多様な人々と関わったり、様々な経験を積み重ねたりしながら、学びを深めていると言ってよいでしょう（資料6）。

2　健康教育がつなぐもの

A　各教科等と総合的な学習の時間とつなぐ

各教科等や総合的な学習の時間（以下、総合）とつなぐ健康教育は、学級担任と養護教諭が、それぞれの立場から把握した子供の実態をもとに、目指す子供の姿を共有することからスタートします。そのために、総合や特別活動の内容について、学級担任と養護教諭がミーティングを重ねます。つくりあげた内容は、担任がカリキュラム表にまとめます。

学級担任と養護教諭の連携には、次の2つのアプローチがあります。

①学級担任→養護教諭へのアプローチ

資料6　健康教育で「教職員やまわりの人」をつなぐイメージ

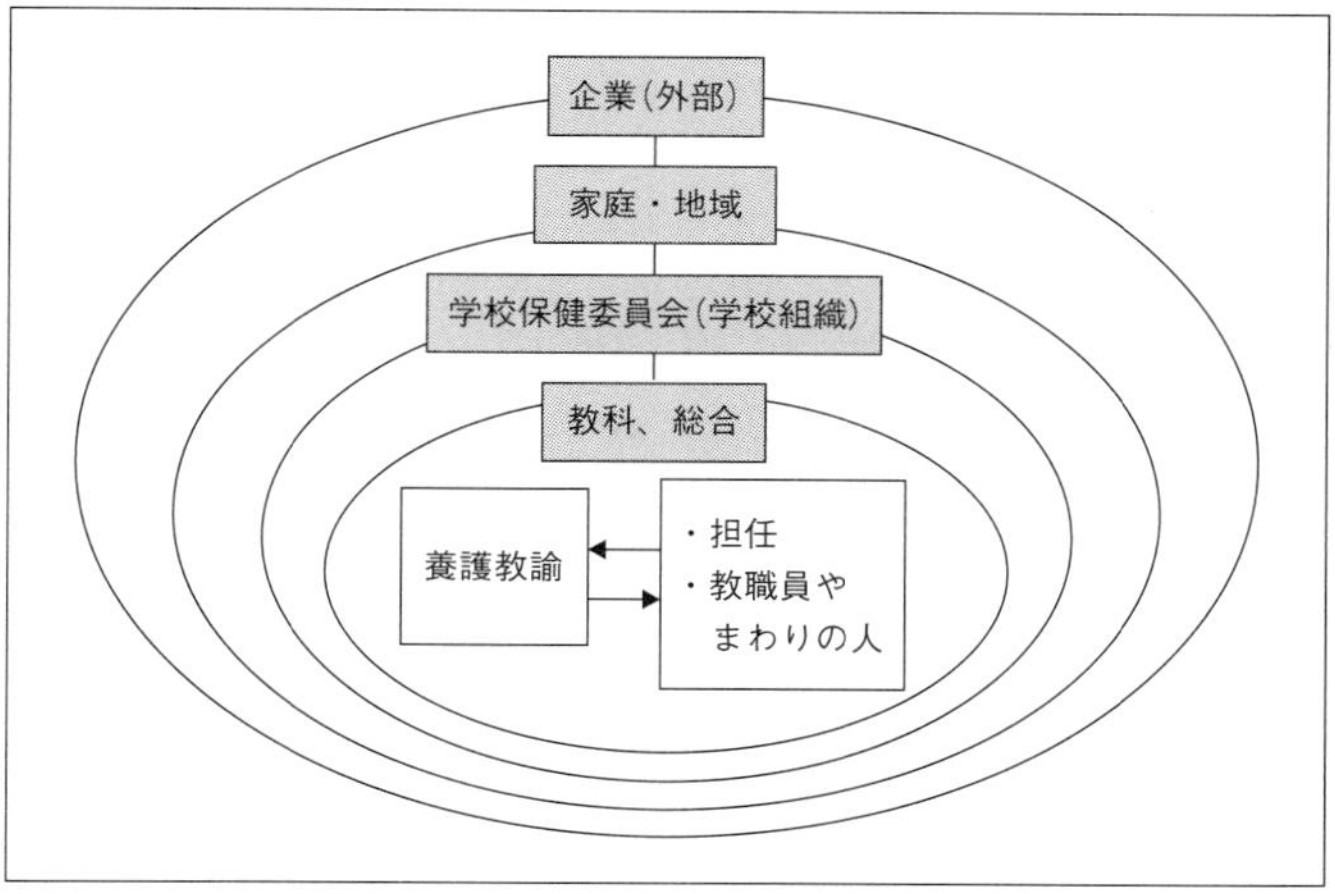

【第6学年】総合的な学習の時間『Let's 塩《えん》joy 塩《えん》パワー』

本実践では、私たち人間が生きていくためには「空気・水・食」と同じくらい「塩」が必要であることを学ばせたいと考えました。そこで、まず現代の食生活において問題視されている「塩分のとり過ぎ」に着目し、総合の授業で「塩」をテーマとした体験活動を行いました。

子供たちは、「だし汁のみ」「白ご飯のみ」を試食する体験活動を行います。

「だし汁だけでは味がしないね」「白いご飯だけではちっとも箸が進まないな」という体験を経て、「食事には適度な塩分が必要であること」「塩はからだの中でとても大切な働きをしていること」に気付かせていきました。その上で、養護教諭と連携し、塩を通して命を見つめる保健指導「命の塩」の学習へとつなげていったのです（資料7）。

②養護教諭→担任へのアプローチ

[第5学年] 家庭科『朝食弁当で元気アップ』

あるとき、養護教諭が朝ごはんの摂取状況を子供たちに尋ねると、ほとんどの子が朝ごはんを食べてきてはいるものの、栄養のバランスがとれた食事をしている子は少ないことがわかりました。

そこで、学級担任に相談をもちかけ、家庭科「朝食弁当で元気アップ」と、保健指導「朝食パワーのひみつ」をつなげた単元配列を考えました。

家庭科では「卵と野菜を使った基本的な調理」を参考とした朝食弁当をつくる活動、保健指導では「栄養のバランスのとれた朝ご飯を食べてこなかったら、私たちのからだはどうなるのだろう？」という学習課題に取り組

資料7　年間指導計画における総合と健康教育との関連

月	4月	5月
総合	Let's　塩 joy　塩パワー わが家の味 ・味噌汁をつくり、だしの旨みや味噌の塩加減を比べる	塩ジョイ　各地の塩 ・海塩や岩塩など、国内外の塩を調べる ・様々な塩の味を比べる
特別活動	保健指導　「命の塩」 ・からだの中での塩の役割を考える ・からだにとって必要な塩の量を調べる ・体液と同じ濃度の食塩水を試飲する	

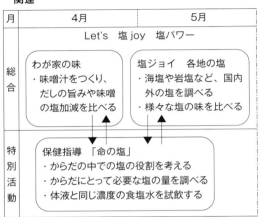

む「朝食のパワー」をカリキュラムに位置付けました（資料8）。

B　学校保健委員会（校内組織）とつなぐ

資料8　年間指導計画における各教科等と健康教育の関連

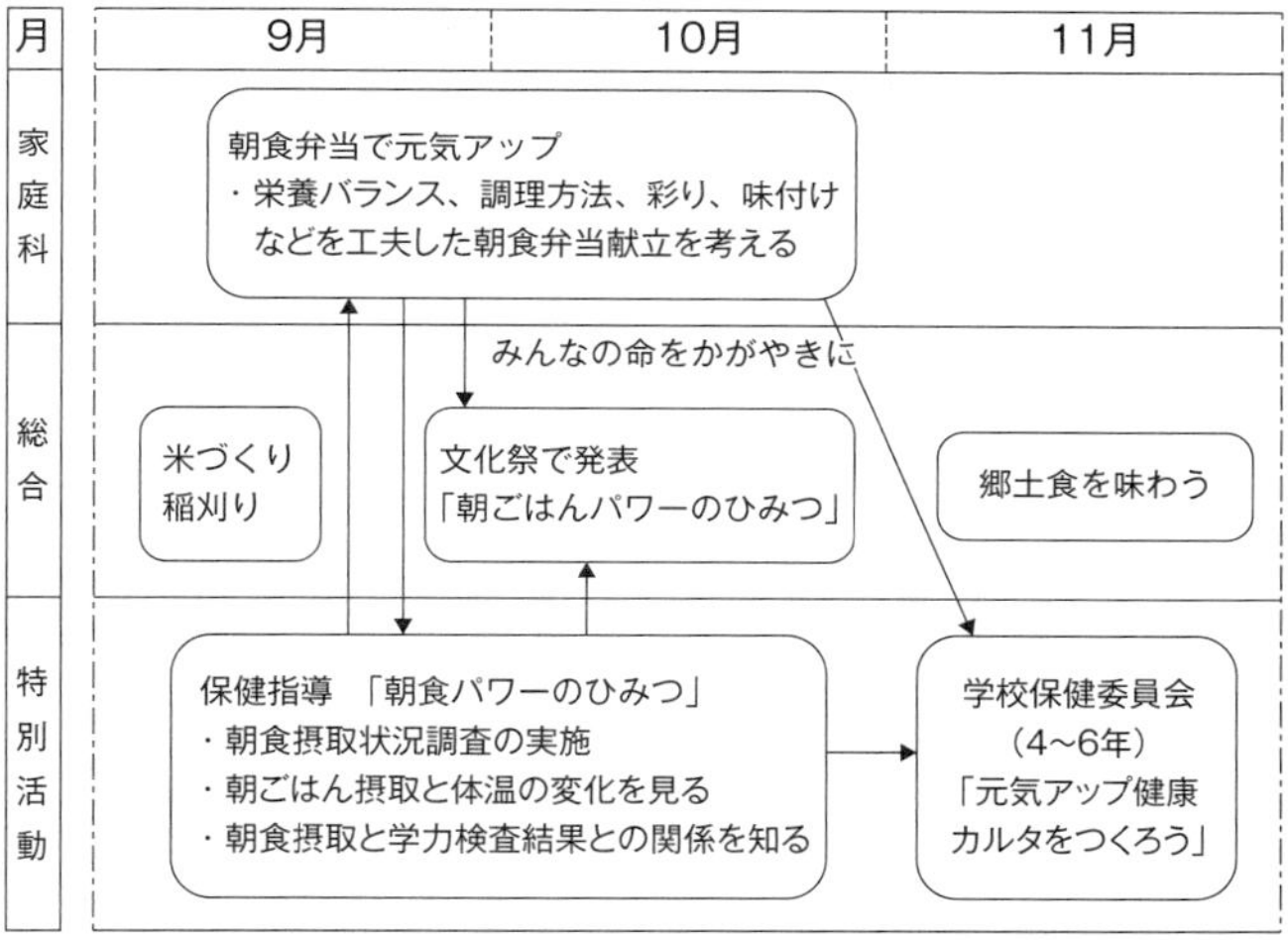

ふだんは校内の保健活動に携わっている学校保健委員会に、新たに学校・家庭・地域の三者をコーディネートする機能をもたせました。裾野の広い教育活動を展開できるようにすることが目的です（資料9）。

学校保健委員会を活用し、「各教科等や総合で学んだことを家庭や地域でも生かす」循環をつくることによって、子供は学んだことを自分のこととして実感し、興味・関心を高めて、学んだことを日常生活の中で生かしていけるようにしました。

［第4～6学年］学校保健委員会『元気アップ健康カルタをつくろう！』

本実践では、仲間と話し合いながら健康に関する課題を検討し、日常生活の中で解決していける力を育てることを意図しました。そこで、「元気アップ健康カルタ」と称して、その読み札をつくるという活動をカリキュラムに位置付けました。

カルタの読み札は、子供たちが聞き取りやすく、覚えやすい5・7・5作文としました。また、絵札（A3版）は1家庭1枚とし、冬休み中に家族と一緒に協力しながら描くようにしました（**資料10**）。

3学期には「元気アップ健康カルタ大会」を開催し、健康に関する課題追究の活動に加えて、全校でレクリエーションを楽しみました。

C　家庭や地域とつなぐ

資料9　学校保健員会

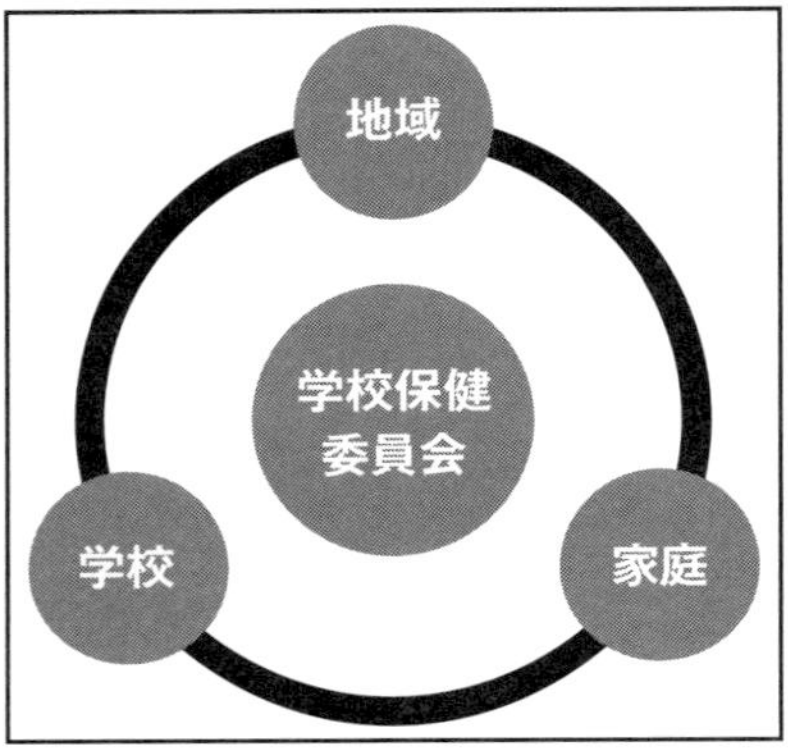

家庭や地域と学びをつなぐには、学校の情報を適切に周知することが欠かせません。健康教育活動を行う際にも、事前に学習内容を保護者に伝えます。また、事後も活動内容や子供たちのワークシートをとりまとめて保健便りや学年便り等で発信します。このように、学校・家庭間で常に情報を共有し合い、学校での実践を日常生活に生かせるようにすることによって、学校での学びが家庭に伝播し、子供のみならず家族全員の健康に関す

る意識が向上していきます。

〈ＰＴＡ保健部と連携した活動〉

ＰＴＡと連携し、子供の朝食に対する保護者の関心を高めることで、子供たちが毎日朝食を食べて元気に過ごそうとする態度形成を図ります。

そこで、ＰＴＡ保健部が中心となって、夏休み前に「我が家のおすすめ朝食レシピ」を募集しました。すると、自宅の畑で収穫した新鮮な素材を使ったレシピ、前日の夕食の残りものを使ったレシピなどが集まりました。集まったレシピは、学校保健委員会で提案する給食メニューの参考にするとともに、「我が家のおすすめ朝食レシピ」を1冊にまとめて全家庭へ配布しました。

〈学校と家庭、地域組織で取り組む親子活動〉

「我が家のおすすめ朝食レシピ」を

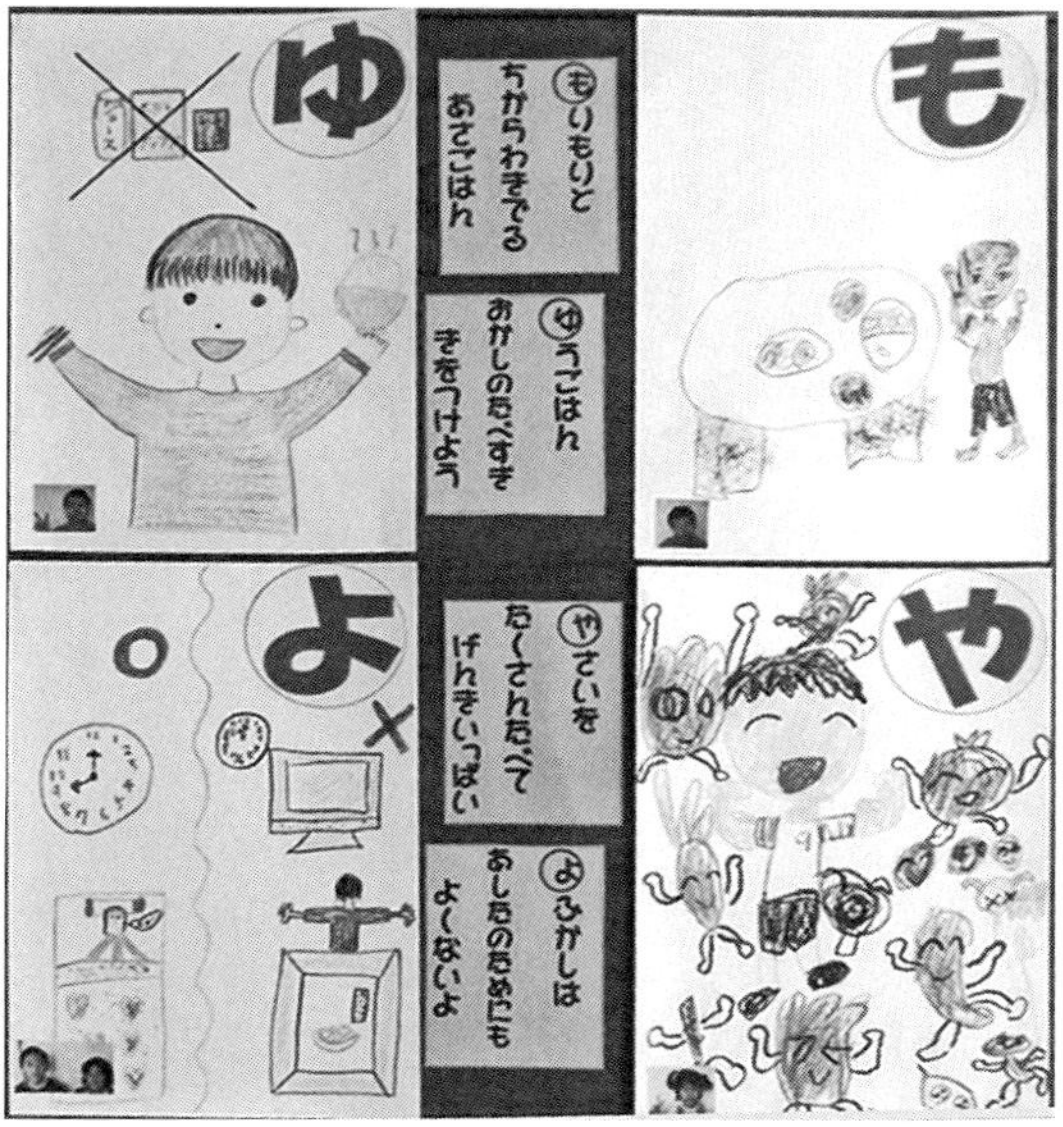

資料10　元気アップ健康カルタ

募集した際、保護者の中から「朝食はありもので済ましていて…」「朝は忙しくて…」という声が聞かれました。

こうした声をきっかけに、「それならば、いっそ保護者が子供と一緒に朝食をつくるような取組ができたら、『朝の短い時間に、栄養のバランスのとれた食事を摂る』意欲が高まるのではないか」というアイデアが生まれました。

そこで、公民館と連携し、「ふれあい・体験・公民館活動」に紐付けて、「親子で簡単朝食クッキング」をカリキュラムに盛り込みました。

当日は、上越市健康づくり推進課の栄養士や食生活改善推進員の協力を得ながら、親子で楽しく食事をつくりながら、栄養のバランスの摂れた朝食の大切さを学びました。

D　企業（外部）とつなぐ

地域リソースは、家庭や公共施設だけではありません。企業も大きな力となります。企業の活動を各教科等や総合につなげる活動を仕組み、人的・物的資源を有効に活用できれば、学校の健康課題をより深く探究していける手立ての1つとなります。

こうしたことをねらい、企業ならではの素材（財）を生かした情報提供や出前講座を活用し、健やかなくらしへの学びを深めていきました。

［第3～6学年］学級活動『おやつで元気をパワーアップ　おやつのひみつを探ろう』

企業と連携した活動の1つに、「カルビースナックスクール」があります。

日常的に子供たちが食べている様々なおやつを紹介したり、分類したりしながら、おやつの望ましい食べ方を探っていきます。

子供であれば、誰しもスナック菓子を食べ過ぎてしまった経験をもっています。そこで、「どうすれば食べ過ぎないようにできるか」をテーマにディスカッションしたり、自分の手のひらを使って、「食べ過ぎない量（両手に軽く入るくらい）」を量ったりしました。

［第5、6学年］学級活動『素材の命（恵）を大切に』

株式会社モスフードサービスと連携した「食育プログラム」では、素材の味や朝食の大切さについて5、6年生が学習しました。

同じレタスでも、葉の「先」「真ん中」「芯」で味や栄養価が違うこと、水にさらしたレタスとさらしていないレタスとではどちらがおいしいと感じるかなど、実際に食べ比べたりしながら自分なりに考えていきます。その後、その日に食べてきた朝ごはんを思い出しながら食材カードをまとめるなどして、バランスのよい朝食について学びました。

3　健康教育を軸として教職員やまわりの人をつなぐよさ

健康教育を軸として、教職員やまわりの人をつなぐことによって、各教科等の活動に広がりと奥行きが生まれ、実感を伴う学びの深まりが期待できます。

私たちは、家庭・地域・企業と連携したカリキュラムをマネジメントすることを通して、各教科等・総合で育成する子供たちの資質・能力が、質的に向上していく様子を目の当たりにしました。

こうした実践を積み重ねることによって、子供は、自分の気付きを日常生活の中で生かしたり、自分なりの健康課題を改善したりしながら、自らの豊かな生活を更新していける力を身に付けていったのです。

（猪又　智子）

課題と成果を次年度につなぐ

次年度へつなぐカリキュラム

実践済みのカリキュラム表には、様々な価値情報が付加されています。価値情報とは、**教師が、子供たちの姿からどのような資質・能力が育まれているのかを見極め、子供と相談を重ね、計画を修正しつつ具体的な活動を展開した成果と課題**です。「もっとこうすればよかった」「こういうこともできそうだ」という課題は、次年度の改善策につながります。

このように、カリキュラム表を1年限りとするのではなく、年度を越えて更新し続けることによって、学習過程が質的に改善されます。それは言わば、**子供と教師双方にとって真にやりがいのある活動を生み出す設計図となる**のです。

ここでは、前年度の6年生が取り組んだ総合的な学習の時間（以下、総合）の成果と課題をもとに、次年度の5、6年生の学級担任が合同でカリキュラムをデザインした事例を紹介します。

1　単学級での実践を通して浮き彫りになった学習活動の限界

前年度の6年生の総合のテーマは「ふるさとに生きる」でした。「ふるさと名立を元気にしたい」をテーマに、子供たちは1年間追究活動を行っていました。

多くの人が集まる公共施設に出向き、自分たちの手づくりチラシを配るなど、「ふるさとのよさを多くの人に伝えたい」と願い、自分たちの思いを伝えるために繰り返し発信活動を行いました（資料1）。

資料1　手づくりのチラシ配布

しかし、チラシに書いてある情報だけでは、なかなか思うように「ふるさとのよさ」が伝わりませんでした。そんなもどかしさを感じた子供たちは、「そもそも私たちがふるさとをもっとよく知る必要があるのではないか」「もっとふるさとについて学びたい」と言い出しました。

そこで、地域の方に教えていただき、ふるさとの新たなよさを発見するために名所を回って歩きました。「多くの人によさを伝えるためには、私たち自身がふるさとのよさを見つめ直したい」という子供たちの思いを大切にし、調査活動と発信活動を交互に展開していったのです。

修学旅行先の東京でも、ふるさとのよさを発信できたことは、子供たちにとって大きな自信につながったようです。発信活動も回を重ねるたびに、ふるさとに対する子供たちの思いは、外へ外へと向かっていきました。

1年間をかけて、多くの方と交流し、自分たちの思いを伝える活動を進められたことは、子供たちにとって大きな成果だったように思います。それまでの彼らは、自分の考えや思いを表に出すのが苦手な子たちでした。一度限りではなく、繰り返し活動を積み上げていったことで、自ら進んで表現することに抵抗感を感じなくなっていきました。

しかし、ここで大きな課題がもちあがります。1学級、少人数での実践であったため、活動内容が限られてしまい、「もっと、こうしてみたい」「東京の商店街の活性化をまねして、提案したい」といった子供たちの思いを十分に生かした活動にまで広げることができなかったのです。

2 成果と課題を踏まえ、さらに発展したカリキュラムづくりへ

次年度、5年生を担任することになった教師は、前年度の6年生での総合実践の成果と課題を整理し、ぜひ今年度のカリキュラムに反映させたいと考えました。そこで、6年生の学級担任とミーティングを重ね、5、6年生合同カリキュラムを構想することにしたのです。

5年、6年の学級担任2人が確認したことは、次の3点です。

①資源の共有化―人的・物的資源を豊かにする。
②活動メニューの拡大―学校の特色を生かす。
③子供同士の交流の活発化―関わり合うことで考えを広め、深める。

①資源の共有化―人的・物的資源を豊かにする

地域の材を学年間で共有化できれば、総合の活動がもっと充実するのではないかと考えました。教育資源には、人的資源、施設・設備・教材等の物的資源、そして情報資源などがあります。実践を共にする形でそれら諸資源を活用できるような、複数学年合同でのカリキュラムをつくりたかったのです。

②活動メニューの拡大―学校の特色を生かす

資源の共有化によって活用の幅が広がれば、学校の特色を生かしながら多様な学習メニューを用意することができます。複数の学年との連携ですから、指導に関われる教員の人数も確保できます。さらに地域、保護者ボランティア等の協力の輪を広げていくことで、学習メニューを拡大できます。

③子供同士の交流の活発化―関わり合うことで考えを広め、深める

合同カリキュラムが機能すれば、同一校における学年間連携のみならず、校種を超えた児童・生徒との交流を構想することもできます。

また、現在の子供は、自分と異なる考え方や経験をもつ異質な人々との関係づくりを行える場が不足しがちです。特に学校が小規模であれば深刻です。

そこで、合同カリキュラムをデザインすることによって、学習に参加する子供の数を増やし、異学年集団を形成することによって、多様な人間関係が生まれる状況を意図的につくることにしました。

このように、合同カリキュラムは、学習活動に資するだけでなく、子供の人間形成にとっても意義のあるチャレンジになると考えました。

3　合同カリキュラムをデザインする

次の手順でデザインしました。

①各学年の学級担任が、それぞれ学年の総合カリキュラムをつくる。
②各学年でつくった総合カリキュラムを並べて、共通テーマと共通の活動を設定する。
③他教科とのつながりを整理する。

（①②③は、資料2のカリキュラム表の数字に対応）

A　5年生の総合カリキュラムをデザインする

5年生のテーマは「ふるさとの食」です。ふるさとの特産物に焦点を当てて、栽培活動や調査活動を行っていきます。地域の方からの協力を得て、米づくり体験も計画しました。また、数ある特産物の中でも「梅」にスポットを当て、収穫・加工も行います。ふるさとの「食」を切り口として、1年間を通して追究します。

最終的には、自分たちが体験したことを交えてふるさとのよさを発信します。

B　6年生の総合カリキュラムをデザインする

6年生のテーマは「ふるさと地域を見つめる」です。ふるさとの歴史ある場所を訪れ、地域とのつながりを追究します。地域の方から直接お話を聞く活動を繰り返し行います。

修学旅行先でも、学習したことを生かし、ふるさとのよさを発信します。前年度に学習してきた「食」と、今年度に5年生が学習していることも交えた活動を組み立てます。最高学年として、ふるさとを広い視野で見て、自分とふるさとの関わりについて思いや考えをまとめます。

C　共通テーマと共通の活動をつくる

2つの学年が、それぞれのテーマに沿って活動を進めていくのですが、2学年のテーマを包括する共通テーマ「ふるさと♡つなぐ」を設定します。「♡」の中には、1年間ふるさとについて追究してきたことを表現するような言葉を入れます。子供一人一人が、自分とふるさとのつながりをどう受けとめ感じているのか、それをまとめることが学習の集大成となります。

また、各学習をつなぐ架け橋として、「なごみ会議」と称する2学年合同の話合い活動を定期的に設定します。各学年での学びを共有する交流の場、ふるさとに対する見方や考え方を広げ、深めることが目的です。

ちなみに、この「なごみ」とは、「総合の活動を通して地域を元気にしよう」という意図で先輩が制作してくれたゆるキャラの名称です。この「なごみちゃん」とともに、地域へ働きかける活動を展開していきます。

学校行事や地域行事においても、2学年合同で取り組んだ活動を生かします。合同のグループは、追究したい活動内容を同じくする子供たちで編成します。学級担任が機械的に決めるのではなく、自分たちで自主的に活動するグループです。

また、合同カリキュラム表では、学年間のつながりだけでなく、各教科等とのつながりも見ていきます。「各教科等で付けた力を総合の場で生かす」「総合で付けた力を教科で生かす」この両者の関係を見える化します。このようにして1年間にわたる合同カリキュラムを展開していったのです。


（飯野　浩枝／炭谷　倫子）

子どもの姿】　5年　「ふるさと」に対する見方を広げ、自分の思いや考えをもち、表現する姿。
6年　自分にとっての「ふるさと」とは何かを考え、ふるさとに対する思いを広げ、深める姿

見、再認識の課題を見つけることができる。【課題設定力】
き、地域に対する愛着を深めることができる。【コミュニケーション力】
て、見やすく分かりやすく表現することができる。【表現発信力】

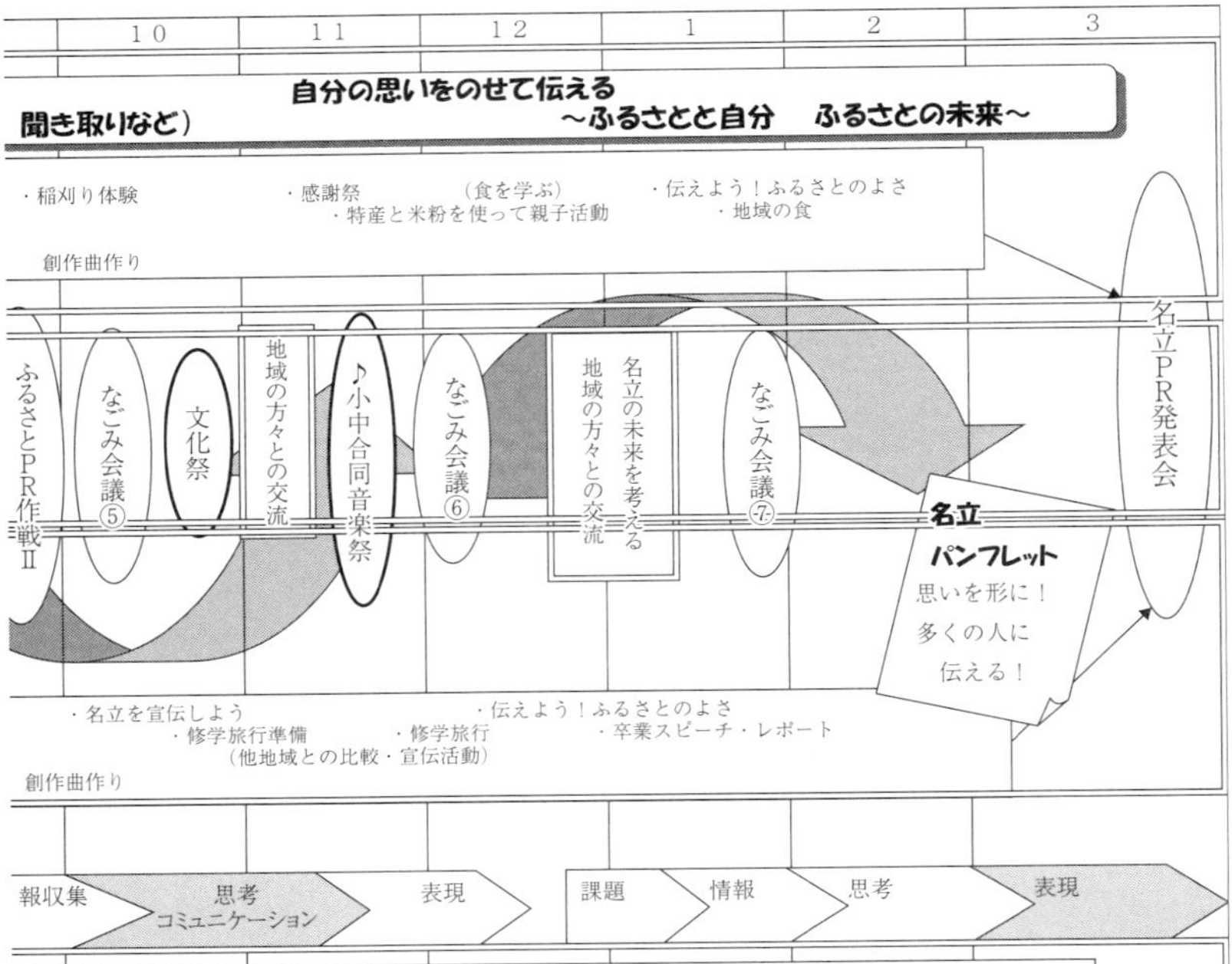

と結びつけてなごみちゃん会議などで、積極敵に表現する場を設定する。

する。食糧生産、作り手の思いを理解する。

立体・工作に表す活動をする。

や学習をする。

曲をつくる。　道徳　「名立の平和を守る会」に参加するため、愛校心や地域愛、平和学習に取り組む。

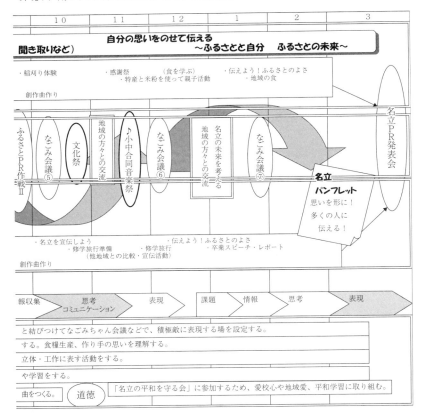

資料2　平成28年度　第5・6学年総合的な学習の時間　年間活動構想表（70時間）

【目指す

◇活動名　ふるさと ♡ つなぐ
◇活動のねらい
◎自分たちが住んでいる地域の文化、伝統、歴史、人物などを調べる活動を通して、自ら地域再発
◎地域の人々とふれあい、地域を見つめることを通して、自分が地域の中で生きていることに気付
◎課題を調べ、必要な情報を整理し「ふるさと再発見パンフレット」をつくり、それらをもとにし

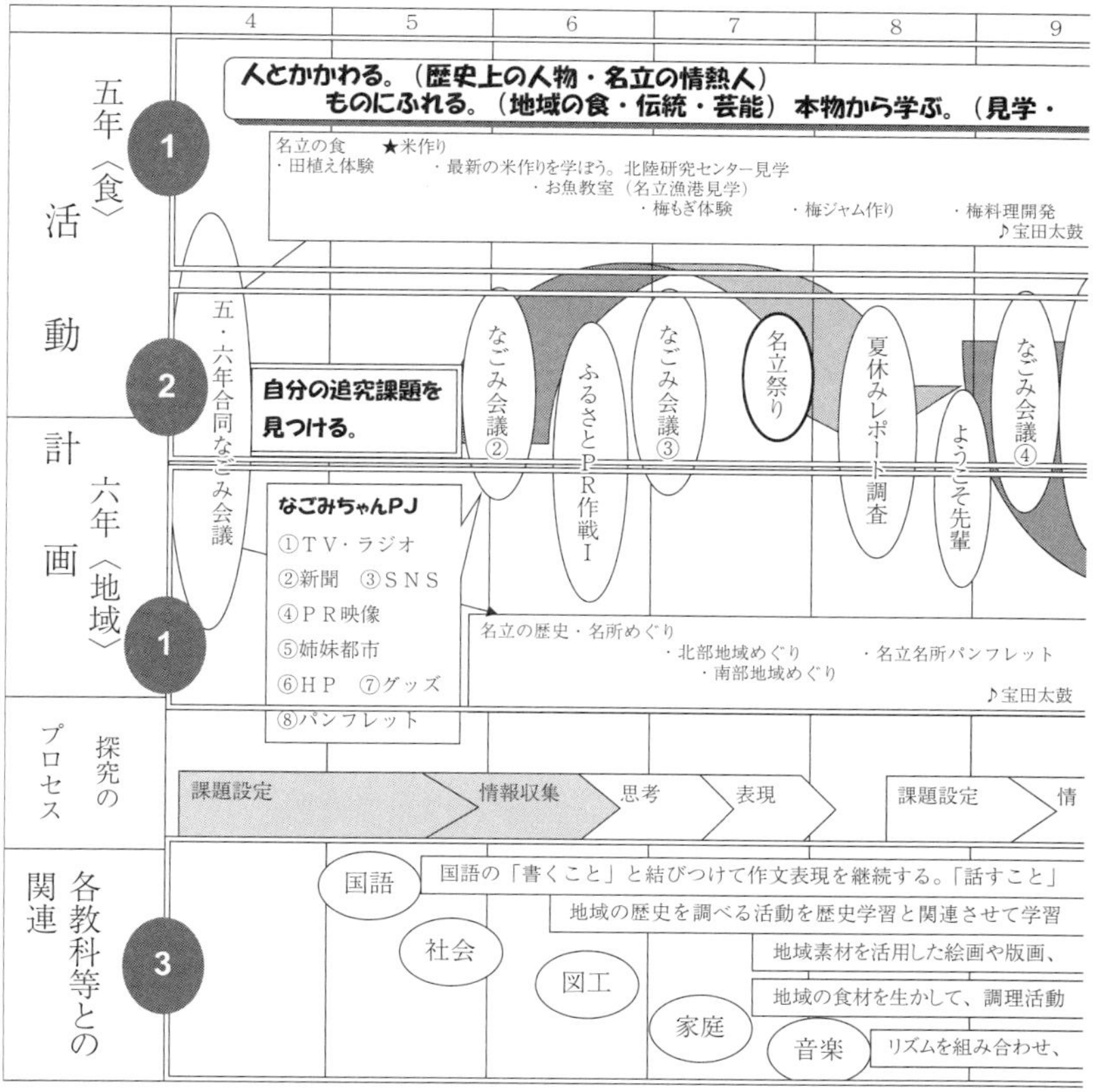

Chapter 04

世の中とつなぐ

—管理職によるカリキュラム・マネジメントの実際

世の中とつなぐ

1　今、なぜ「世の中とつなぐ」ことが大切なのか

これからの学校は、「社会の変化に目を向け、教育が普遍的に目指す根幹を堅持しつつ、社会の変化を柔軟に受け止めていく『社会に開かれた教育課程』としての役割」が期待されており、次の視点が提起されています（中教審答申、平成28年12月）。

　子供たちの日々の充実した生活を実現し、未来の創造を目指していくためには、学校が社会や世界と接点を持ちつつ、多様な人々とつながりを保ちながら学ぶことのできる、開かれた環境となることが不可欠である。そして、学校が社会や地域とのつながりを意識し、社会の中の学校であるためには、学校教育の中核となる教育課程もまた社会とのつながりを大切にする必要がある。

このことからわかるように、学校と地域の連携・協働の裾野を広げることが求められているのです。

2　「世の中とつなぐ」とは？

み…見せる
つ…伝える
い…意見をきく
せ…説明する
い…異論を大切にする
め…明快に応える
い…一緒に進む

「み・つ・い・せ・い・め・いでお願いします」

この言葉は、平成14年に小学校で総合的な学習の時間がはじまった年の最初の職員会議、当時校長だった私が教職員にお願いした学校経営方針です。

保護者や地域の人への授業公開、教室公開を積極的に進めていましたが、絶えず第三者の目に晒されることは教職員にとってプレッシャーだったでしょうし、校内では説明責任（結果責任）を果たさなければならない緊張感が常にありました。しかし、活動が進むにつれ、保護者や地域からあたたかい言葉がかけられるようになり、情報提供をはじめ、「子供たちの活動を一緒につくっていくんだ」という気運の高まりもあって、次第に総合的な学習の時間がダイナミックに展開されるようになりました。その過程で、学校と保護者・地域とのつながりがより力強いものに変わっていったように思います。

「世の中とつなぐ」とは、まさに新しい学習指導要領が目指す「社会に開かれた教育課程」をつくっていくことにほかなりません。とはいえ、肩肘張らず、まずはこれまで取り組んできたことをベースに、力まず、急がず、身近なところからはじめることが大切なのだと思います。

3　「世の中とつなぐ」ために

新しい学習指導要領の告示後は、文部科学省や県の教育委員会、市の教育委員会から次々と通知（通達）が出されるでしょう。さらに、学習指導要領が目指す新しい取組に対応するべく、書店では数多くの新しい教育書が並び、全国では数多くの研究会や研修会が催されることと思います。

こうした様々な情報の中から、子供の思いや願い、保護者や地域の期待や使命、世の中の動きやニーズなど、「世の中とつなぐ」ために必要な情報を取捨選択し、その精度を上げていくことが、これからの教育現場の大きな課題だと言えます。

（五島由美子）

管理職のマネジメント

1　管理職によるマネジメントが鍵―一人一人の教職員のデザインするカリキュラムが最も望ましい状態を生み出すために

先に紹介した中央教育審議会答申は、「カリキュラム・マネジメント」の実現に向けて次のように提起しています（ルビ点は筆者）。

校長又は園長を中心としつつ、教科等の縦割りや学年を越えて、学校全体で取り組んでいくことができるよう、学校の組織や経営の見直しを図る必要がある。そのためには、管理職のみならず全ての教職員が「カリキュラム・マネジメント」の必要性を理解し、日々の授業等についても、教育課程全体の中での位置付けを意識しながら取り組む必要がある。

すべての教職員がカリキュラムをデザインし、1年を通じてマネジメントしていくことの重要性を強調していることがわかります。こうしたことを踏まえた上で、私は管理職に求められるカリキュラム・マネジメントを次のように考えています。

①一人一人の教職員のデザインしたカリキュラムが、最もよい形でマネジメントされるようお膳立てをすること。

②学級や学年といった校内のみならず、家庭、地域、社会を網羅した大きな桁《けた》で、学校全体のカリキュラムを構想すること。

子供たちや教職員といった学校の実態を把握し、改善の方向に向かって「社会に開かれた教育課程」をつくっていくためには、管理職による舵取り、すなわちマネジメントがたいへん重要になります。

そのための学校の実態把握と改善には、**資料1**（上越教育大学附属小学校がとりまとめた

「続　みんなで総合しよう」〈カリキュラム・マネジメント編〉の図を参考に作成）に示すように、数多くの教育的要素を有機的に組み合わせる必要があります。

ここでは、この**資料1**をベースに、「社会に開かれた教育課程」の実現に向け、世の中とつなげる管理職のカリキュラム・マネジメントの方途を紹介します。

2 管理職「ここが出番」―世の中とつなげていくために

学校全体の実態を把握し、改善していく視点として、例えば、教育目標を見直す、教育課程を見直す、学習指導を改善するなどの方向があります（A～I）。校内においては、特にA～Gごとに、教務主任、研究主任などのミドルリーダーが分掌し、校長を中心としつつ、チームリーダーとして実態把握と改善に着手します。

実際に実態把握や改善を行うに当たっては、「学校力ＵＰ」「授業力ＵＰ」「共創力ＵＰ」の３つ視点から取り組んでいきます。

A 学校力UP

特色ある教育活動を実現するためには、地域の特色、学校の伝統、子供の実態等を踏まえた上で、校内の組織づくりやカリキュラム編成に取り組みます。このとき、学校が１つのチーム、１つの組織として機能するような舵取りが必要です。けっして各担当１人のがんばりに頼ることなく、全教職員が同じ視点で課題を焦点付ける必要があります。

管理職としては、まず次のことに取り組んでいきます。

資料1　学校の実態把握と改善

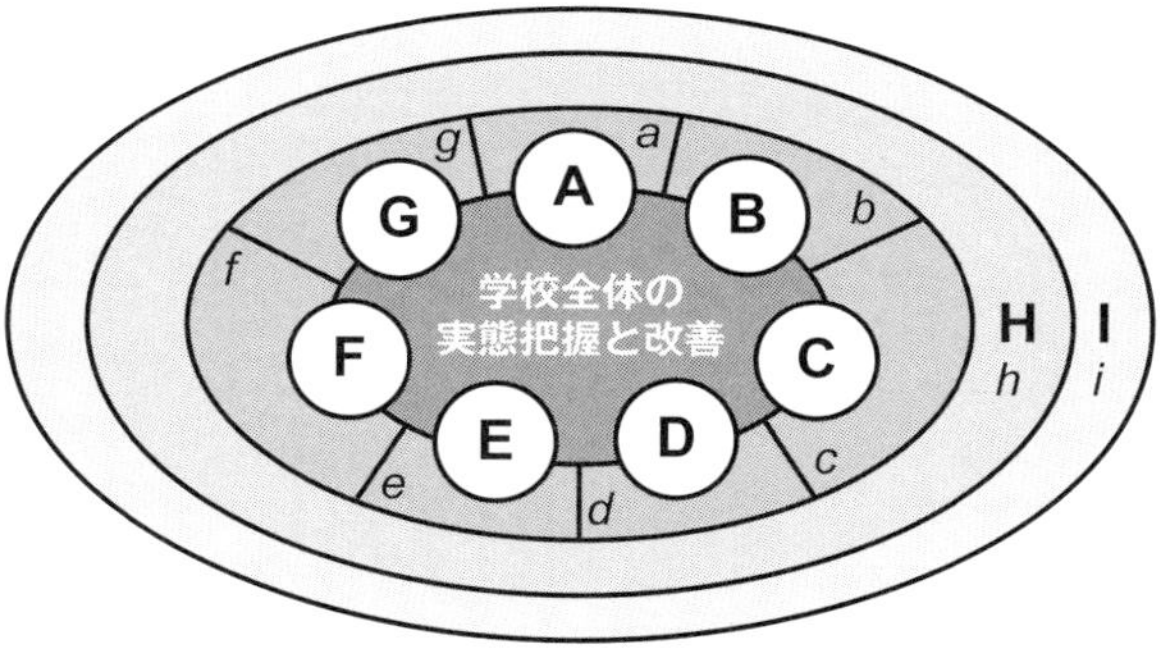

A　**教育目標を見直す**
a　特色ある学校づくり（校長の経営方針）
特色ある教育
開かれた学校づくり

B　**教育課程を見直す**
b　「総合」の年間指導計画への位置付け
教科・道徳、特別活動との関連
学校行事との関連

C　**学習指導を改善する**
c　指導観・評価観の転換
探究的な学習の充実
アクティブ・ラーニングの活用
養護教諭・栄養士との連携
指導体制の工夫・改善

D　**校時表を見直す**
d　年間総時数の割り出し
時間割表の見直し・弾力的な運用
時間割・時数の管理
担任と教務主任（主幹）との連携

E　**校内組織を見直す**
e　校務分掌
研究組織・校内研修
研修の日常化・スリム化
協働体制、T・T

F　**校地・校舎、教材・教具を充実する**
f　会計・予算（副校長〈教頭〉と事務職員との連携）
環境構成の工夫
施設・設備の充実

G　**子供理解を深める**
g　子供の実態把握（育ち・学び・思い・願い）
子供観の転換（有能さ・よさ・可能性）
多面的・総合的理解、共感的理解

H　**家庭との連携**
h　願いの把握　説明責任・結果責任
人材活用　体験・校外学習の協力依頼
学習成果の発表

I　**地域や社会との連携**
i　要請・課題の把握　地域素材の開発
人材活用　情報収集・発信　他校との交流
調査学習の協力依頼
各種機関との連携（教育、公共、報道、行政、医療・福祉、交通）

資料2　学校の経営方針

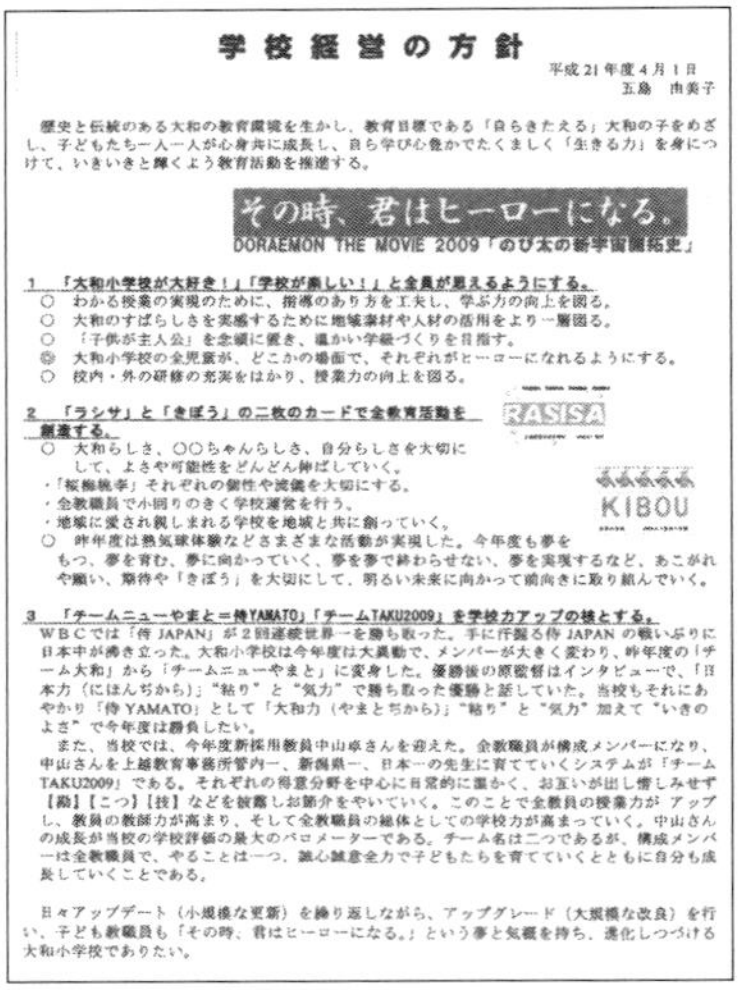

学校経営の方針

平成21年度4月1日
五島　由美子

歴史と伝統のある大和の教育環境を生かし、教育目標である「自らきたえる」大和の子をめざし、子どもたち一人一人が心身共に成長し、自ら学び心豊かでたくましく「生きる力」を身につけて、いきいきと輝くよう教育活動を推進する。

その時、君はヒーローになる。
DORAEMON THE MOVIE 2009「のび太の新宇宙開拓史」

1　「大和小学校が大好き！」「学校が楽しい！」と全員が思えるようにする。
○　わかる授業の実現のために、指導のあり方を工夫し、学ぶ力の向上を図る。
○　大和のすばらしさを実感するために地域素材や人材の活用をより一層図る。
○　「子供が主人公」を念頭に置き、温かい学級づくりを目指す。
◎　大和小学校の全児童が、どこかの場面で、それぞれがヒーローになれるようにする。
○　校内・外の研修の充実をはかり、授業力の向上を図る。

2　「ラシサ」と「きぼう」の二枚のカードで全教育活動を創造する。

RASISA

KIBOU

○　大和らしさ、○○ちゃんらしさ、自分らしさを大切にして、よさや可能性をどんどん伸ばしていく。
・「桜梅桃李」それぞれの個性や流儀を大切にする。
・全教職員で小回りのきく学校運営を行う。
・地域に愛され親しまれる学校を地域と共に創っていく。
○　昨年度は熱気球体験などさまざまな活動が実現した。今年度も夢をもつ、夢を育む、夢に向かっていく、夢を夢で終わらせない、夢を実現するなど、あこがれや願い、期待や「きぼう」を大切にして、明るい未来に向かって前向きに取り組んでいく。

3　「チームニューやまと＝侍YAMATO」「チームTAKU2009」を学校力アップの核とする。
ＷＢＣでは「侍 JAPAN」が２回連続世界一を勝ち取った。手に汗握る侍 JAPAN の戦いぶりに日本中が沸き立った。大和小学校は今年度は大異動で、メンバーが大きく変わり、昨年度の「チーム大和」から「チームニューやまと」に変身した。優勝後の原監督はインタビューで、「日本力（にほんちから）」“粘り”と“気力”で勝ち取った優勝と話していた。当校もそれにあやかり「侍 YAMATO」として「大和力（やまとぢから）」“粘り”と“気力”加えて“いきのよさ”で今年度は勝負したい。
また、当校では、今年度新採用教員中山卓さんを迎えた。全教職員が構成メンバーになり、中山さんを上越教育事務所管内一、新潟県一、日本一の先生に育てていくシステムが「チームTAKU2009」である。それぞれの得意分野を中心に日常的に温かく、お互いが出し惜しみせず【勘】【こつ】【技】などを披露しお節介をやいていく。このことで全教員の授業力がアップし、教員の教師力が高まり、そして全教職員の総体としての学校力が高まっていく。中山さんの成長が当校の学校評価の最大のバロメーターである。チーム名は二つであるが、構成メンバーは全教職員で、やることは一つ。誠心誠意全力で子どもたちを育てていくとともに自分も成長していくことである。

日々アップデート（小規模な更新）を繰り返しながら、アップグレード（大規模な改良）を行い、子ども教職員も「その時、君はヒーローになる。」という夢と気概を持ち、進化しつづける大和小学校でありたい。

資料3　学校の提案企画書

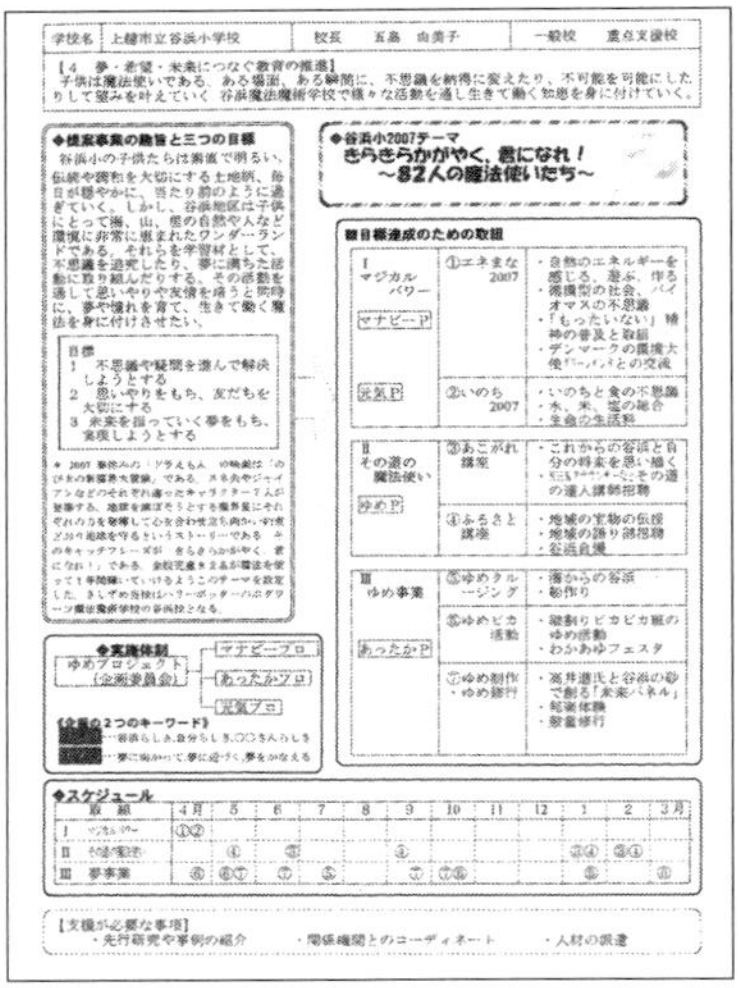

学校名	上越市立谷浜小学校	校長　五島　由美子	一般校　重点支援校

【4　夢・希望・未来につなぐ教育の推進】
子供は魔法使いである。ある場面、ある瞬間に、不思議を納得に変えたり、不可能を可能にしたりして望みを叶えていく。谷浜魔法魔術学校で様々な活動を通し生きて働く知恵を身に付けていく。

◆提案事業の趣旨と三つの目標
谷浜小の子供たちは素直で明るい。伝統や調和を大切にする土地柄、毎日が穏やかに、当たり前のように過ぎていく。しかし、谷浜地区は子供にとって海、山、里の自然や人など環境に非常に恵まれたワンダーランドである。それらを学習材として、不思議を追究したり、夢に満ちた活動に取り組んだりする。その活動を通して思いやりや友情を培うと同時に、夢や憧れを育て、生きて働く魔法を身に付けさせたい。

目標
1　不思議や疑問を進んで解決しようとする
2　思いやりをもち、友だちを大切にする
3　未来を描いていく夢をもち、実現しようとする

◆谷浜小2007テーマ
きらきらかがやく、君になれ！
～82人の魔法使いたち～

◆目標達成のための取組

Ⅰ マジカルパワー マナビーP 元気P	①エネまな2007	・自然のエネルギーを感じる、遊ぶ、作る ・循環型の社会、バイオマスの不思議 ・「もったいない」精神の普及と取組 ・デンマークの環境大使との交流
	②いのち2007	・いのちと食の不思議 ・水、米、塩の総合 ・生命の生活科
Ⅱ その道の魔法使い ゆめP	③あこがれ講座	・これからの谷浜と自分の将来を思い描く ・その道の達人講師招聘
	④ふるさと講座	・地域の宝物の伝授 ・地域の語り部招聘 ・谷浜自慢
Ⅲ ゆめ事業 あったかP	⑤ゆめクルージング	・海からの谷浜 ・船作り
	⑥ゆめピカ活動	・総割りピカピカ班のゆめ活動 ・わかあゆフェスタ
	⑦ゆめ制作・ゆめ修行	・高井進氏と谷浜の砂で創る「未来パネル」 ・結婚体験 ・教養修行

◆実施体制
ゆめプロジェクト（企画委員会）
マナビープロ
あったかプロ
元気プロ

《企画の2つのキーワード》
…谷浜らしさ、自分らしさ、○○さんらしさ
…夢に向かって、夢に近づく、夢をかなえる

◆スケジュール

取組	4月	5	6	7	8	9	10	11	12	1	2	3月
Ⅰ マジカルパワー	①②											
Ⅱ その道の魔法使い		④	③			④				③④	③④	
Ⅲ 夢事業	⑤	⑥⑦	⑦	⑤		⑦	⑦⑥			⑥		⑦

【支援が必要な事項】
・先行研究や事例の紹介　・関係機関とのコーディネート　・人材の派遣

ア　ビジョンの明確化

保護者や地域に対して、「本校は今年こういう教育をやっていきます」というビジョンを発信し、共有化していきます。

○学校の経営方針（資料2）の提示
○簡潔なグランドデザインの構築
○学校の提案企画書（資料3）の作成・提示
○確実な学校評価の実施と評価を生かした丁寧で小回りの利く目標の見直し
○子供にも、地域の人にも親しみやすいキャッチフレーズやスローガンの作成と活用

イ　校務分掌の改革

○校務分掌を自校の規模や取組の特色にあった仕様に改善
○校務のシステム化、校内ＬＡＮによる

教務や事務のＩＴ化を進め、効率化や記録の累積を推進（例「校務支援ソフト」「上越視覚的カリキュラム表」など）

Ｂ　授業力ＵＰ

保護者や地域の人たちにわが校の様子（学校全体で取り組んでいる組織的・協働的な学校づくりの様子）を理解してもらうには、子供の姿で具体的に見てもらうことです。

子供の姿と教師の姿はコインの表と裏のようなもの。子供の姿を見せるということは、教師一人一人の姿が浮き彫りになるということです。そこで、管理職としては教師力向上を目指したマネジメントを遂行します。

ア　授業の質、密度の充実

普段の授業を同僚の教師に見せる、保護者や地域の人たちに見せる環境づくりのため、常に授業公開、教室公開を基本とします。「見せる授業」「見られる授業」を意識した実践によって授業の質を高めていきます。

○授業研究の改善
○研修会、研究会の紹介と参加の奨励
○綿密な計画と確実な時数管理
○校務支援ソフトの活用と記録の累積
○アクティブ・ラーニングの充実

イ　研修の充実

〈研修の日常化〉全教職員が担任のつもりで日常的な情報交換を活発化し、教職員同士の何気ない研修を大切にする。新しい素材の開拓や面白い教材の開発、様々なミニ技やプチ術の共有化を図る。

〈研修の飛躍化〉

○カリキュラム・マネジメントなど、新しい教育課題に関する研修を実施する。

○お互いに講師になって得意分野について研修する校内講師研修を実施する。

○外部講師によるテーマ研修を実施する。

○活動のきっかけづくりや新しい素材開拓のための全教職員の巡検研修（テーマにより学区内、市内、県内の施設、人、事象、事物など）

C　共創力UP

これからの学校は「社会に開かれた教育課程」の実現と充実が求められます。そこで、学校力UP、授業力UPに加えて、地域・社会と共に教育活動を創っていくことが重要です。共創力UPは、管理職の腕のみせどころだと言ってよいでしょう。

ア　さらなる「社会に開かれた教育課程」へ向けて

○生活科、総合的な学習の時間への学習参加・参画：総合の指導を核に地域の達人等に学校の活動に興味をもって参加してもらう「達人バンク」「総合サポート委員会」を設置する。

資料4　教育活動のリーフレット

資料5　活動の記録

イ　教育活動の取組や成果の発信

○活動の成果発表：各学期等に発表会を行う。保護者や地域の方、学校運営協議会の委員などに参加してもらう。その後の話し合いやアンケートなどで助言や意見をもらい次に生かしていく。

○教育活動のリーフレット（資料4）、活動の記録（資料5）の発行：学校の教育目標、重点目標などを簡潔にまとめたリーフレットや1年間の生活科、総合的な学習の時間の活動を記録集にまとめて配布する。多くの人に関心をもって見てもらうよう文書・写真等を工夫して見やすい紙面構成にする。

○意図的な広報活動：学校、学級からのたよりはもちろん、地方紙、市の広報誌、テレビのニュース等に積極的に事前に活動を紹介する。学校での活動がマスコミに取り上げられることにより、学校への保護者や地域の方の評価は、より好意的になる。また、それを見た他の地域や教育関係者からの反響も大きい。より多くの情報が集まったり支援をいただいたりすることもある。

〇学校運営協議会、学校関係者評価：子供たちをよりよく育てていくために、保護者、地域、学校がそれぞれの立場で取り組むグランドデザインをつくる。地域をよく知る委員とともに創造するカリキュラムづくり、加えて学校関係者評価を生かすことで、よりいっそう学校と地域の連携と協働が進む。世の中とのつながりを重視しながら学校の特色づくりを行っていく。

〇企業、行政とのコラボの推奨：食品、電力・エネルギー、環境などの地元の会社や大企業、農協、商店街などの地元の組合、科学館、博物館、水族館などの施設、環境、農林水産関係の県や市町村の部署などからの情報や出前講座などを活用して、専門的な知識や俯瞰的な知識を提供・指導してもらったり、一緒に体験させてもらったりする。また、学校での取組や学年・学級の取組をより豊かに、よりダイナミックにするために財団や協会の募集に申し込んで、助成金など財政的に援助してもらい、やりたいこと、やれることを膨らませていく。

＊

「世の中とつなぐ」ことは、学校教育に「外の風」を取り込む契機となります。その契機をよりよい教育に結び付けていくことが、管理職に必要なミッションだと言えます。

（五島由美子）

教科横断的な取組を促進する「視覚的カリキュラム表」の活用

1　特色ある学校づくりを推進する上越カリキュラム

上越市では、平成18年度から、特色ある学校づくりを推進すべく、上越カリキュラムの開発研究に取り組んでいます。これは、共通に取り組む内容を示したものではなく、カリキュラムづくりやマネジメント、システムづくりや環境整備など、学校と市の取組の総称です。「実践」「評価」「改善」を重視した広義のカリキュラムと言えるでしょう。

2　カリキュラム・マネジメントのツールとしての視覚的カリキュラム表

視覚的カリキュラム表とは、全教科等の、いわゆる年間の単元配列表です。

上越市には、昭和50年代から学校裁量の時間を中心として、教科横断的・合科的な活動に取り組む学校がありました。そのため、平成に入ったころには、カリキュラム表のような一覧を作成している学校が少なくありませんでした。それらを上越カリキュラム開発研究推進委員会が整理し、使いやすいように開発したのが「視覚的カリキュラム表（資料6）」（表計算ソフトで作成したフォーマット）です。

上越学習

10月	11月	12月	1月	2月
マラソン記録会 / 文化祭	市音楽祭 / 芸術鑑賞 / 教育相談週間 / チャレンジウィーク		書き初め展 / 版画展	教育相談週間

10月
縦割り班活動日
児童朝会（2年）
児童朝会（生活委員会）

11月
縦割り班活動日
児童朝会（図書委員会）

1月
縦割り班活動日
児童朝会（給食委員会）

3月
児童総会
縦割り班活動日

1 / 1 / 1

よう / ①感想文を書こう 11 / ②学級会で話し合おう 12 / 詩を書こ 4 / ③物語をしょうかいしよう 自分の見方を持とう 14 / ④話を作ろう 13 / ⑤分類して整理し、説明しよう 12 / 書き方・ 4 / ⑥調べたことをほうこくしよう 13

じまん」を探そう（12）
準備
12

名立のじまん探（13）
・インタビューをしよう
・わかったことを伝える新聞を書こう。
13

名立の文化財を知ろう（18）
・文化財調べ
・今までの活動の振り返る。
18

工場で働く人と仕事 11 / 受けつがれる行事 9 / 昔の道具とくらし

長さ 7 / 円と球 10 / 小数 11 / 三角形 13 / ふくしゅ 2 / 2けたのかけ算 9 / 分数 8 / 重さ 10

・気持のよいあいさつと言葉遣い
・学級の問題を話し合おう
3

・Gエンカウンター「友達のよいところさがし」
・係活動を見直そう
・本に親しもう
4

・命のはじまり
・年忘れお楽しみ会
・冬休みの生活
3

・新年のめあて
・みんなに役立つ係を決めよう
・SSEあたたかいメッ
3

・時間を守って行動しよう
・大縄大会に向けてがんばろう
3

のとくちょうをかんじとろう 9 / 5いろいろな音のひびきをかんじとろう 9 / 6日本の音楽に親しもう 4 / 7音を合わせて楽しもう 7

進んで手助 1 / 空3ー(3)感 1 / だれとあそぼう 1 / わたしの名ま 1 / 森のしきしゃ 1 / ボクは決心し 1 / いやなかん 1 / 電池が切 1 / けんたがわ 1 / そうそう、そこが 1 / まかぬ種は 1 / 日本の学 1 / 小さなくつした 1 / 地球にやさ 1 / 自分の毛で 1 / 電話の向こ 1

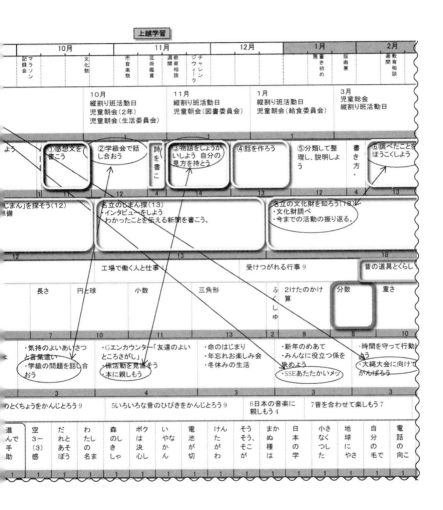

資料6　視覚的カリキュラム表（エクセル・ファイル）

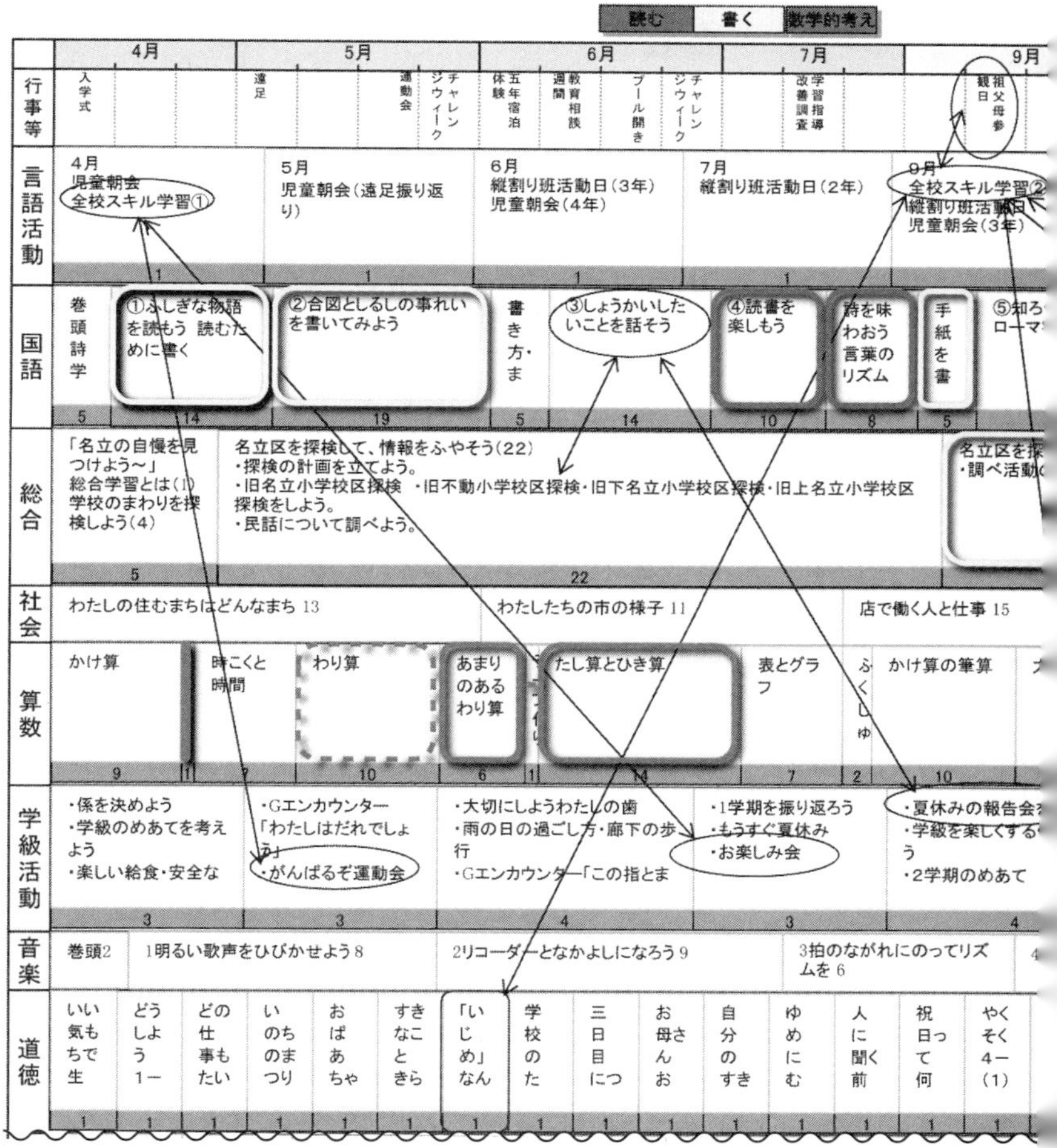

視覚的カリキュラム表は、年間の教育活動及び重点目標や学校課題を俯瞰的に見渡せるように作成しています。

表の上部に重点目標や学校課題を示すボタン機能を付け、関連する教科等の単元や内容が色分けされ、一見してわかるようにしています。また、視覚的カリキュラム表の機能目的は、教育活動の改善に役立てることにあります。

そのため、各教科等や単元、時間、順番等の比較、入れ替えを容易に行えるようになっています。単元間を矢印でつないだり、リンクを貼ったりすることもでき、教科横断的視点をとらえやすいところに大きな特徴があります。

3　生活科・総合的な学習の時間を中核にしたカリキュラム編成の実際

ここでは、T小学校3年生の例を紹介します。

上越市内小学校の学級担任の多くは、**資料6**のように生活科・総合的な学習の時間を視覚的カリキュラム表の中央に位置付け、他の教科等との関連がわかるようにしています。

視覚的カリキュラム表の上には、T小学校の重点とする「読む」「書く」「数学的な考え」と「上越学習」のボタンが設定され、関連する単元に色を付けています。

総合的な学習の時間では、校区の名産「越の梅」を取り上げ、年間を通じて国語科の

「書く」活動と関連付けて活動しました。

1学期は、梅栽培組合の協力を得て、梅林を見学し、山の斜面や平地での育て方についてインタビューを通して学び、わかったことを新聞に表現しました。梅の収穫後、ジュースのつくり方も教わり、つくって味わいました。

2学期は、組合の支援で、「越の梅」を使い、香り高いジャムをつくって家族と味わいました。梅の栽培や加工についてわかったことや活動を振り返った思いを新聞にまとめました。

これらの活動のうち、まとめや表現活動を国語科の時間に行うことで、子供がたっぷりと体験に浸る時間の確保ができ、活動が深まりました。また、書くことの素材やテーマを体験活動の中に求めることで豊かな表現活動を生み、体験の意味付けにつながりました。

4　カリキュラム・マネジメントの推進

上越カリキュラムは、大学教官を指導者に迎え、市内の数名の教員によって組織した上越カリキュラム開発研究推進委員会によって進められました。現在もカリキュラム研究、研修、モデル開発を行っています。

視覚的カリキュラム表のデータは、委員が前年度中に各校に配信し、年度明けの5月に全学年分の表の提出を求めています。そして、作成して終わりではなく、学校評価のPDCAサイクルに位置付け、年2回以上の見直しを進めています。加えて、教職員研修として、視覚的カリキュラム表活用研修会、スクール・マネジメント研修会等を開催しています。

また、上越市が、平成24年度から市内全小・中学校を一斉にコミュニティ・スクールに指定したことで、学校運営協議会の委員とのカリキュラム検討を行っている学校が増えています。

特に、生活科や総合的な学習の時間による地域に根差した活動について、地域の方から意見をいただくことで、活動がよりダイナミックになっています。このことは、「社会に開かれた教育課程」の1つの実践と位置付けています。

5　カリキュラムは現場でつくっている！

視覚的カリキュラム表は、表を完成させることが目的ではありませんし、表を基に話し合えばよいものでもありません。言わば、カリキュラムをマネジメントする上でのツールの1つにすぎないものです。大切なことは、カリキュラムをデザインし、つくりかえ続けることです。

とある校長先生が次のようにおっしゃいました。

「うちのカリキュラムは会議室でつくっているんじゃない。現場で、つくっているんだ」
現場とは学校であり、地域です。言い得て妙。「実践」「評価」「改善」を重視したカリキュラムこそが上越の目指す姿なのです。

（石黒　和仁）

おわりに

今、私の手元には色褪せた1枚の資料があります。昭和62年に作成した「第1学年生活科年間計画」です。

当時、私が勤務していた上越市立大手町小学校は、平成4年からスタートすることになっていた新教科「生活科」の先導的実践を行うために、文部省（当時）より生活科研究推進校に指定されていました。

教職6年目の私は、教科書も指導書もない中で、生活科のカリキュラムづくりに没頭です。子供が喜々と活動する姿を思い描きながら、単元構成や年間の単元配列を考えることは、創造的で夢が広がるわくわくする仕事でした。

あれから30年、今、再び、子供と学習を進める私たち現場の教師一人一人がカリキュラムをマネジメントできる機会がやってきました。それも、特定の教科に限ったことではありません。対象は、すべての教育活動です。これほど、ダイナミックで創造的な仕事があるでしょうか。

本書では、「つなぐ」をキーワードに、多様なカリキュラム・マネジメントの事例を紹介しました。

私が「つなぐ」ことを意識したのは、生活科の活動をしていたときの子供の声がきっかけでした。1年生の子供たちが、ヒツジを育てていたときのことです。

先生、ようた（ヒツジの名前）の体重って、私より重いかな。

ようたが立ったら、私の背より高いかな。

子供たちから、ヒツジの成長に目を向ける言葉が聞かれるようになったのです。

子供の気付きが「測る」発想を生み、子供の思考が算数の必要性とつながった瞬間でした。子供の思いや願いが1つのストーリーとしてつながっていることを目の当たりにし、子供の思考を想定し、「何を」「いつ」「どのように」子供に学ばせることがよいのかを考えるようになりました。

子供が学びを自分ごととするとき、教科の枠を超えていきます。子供の学習を成立させるために、教師がカリキュラムをマネジメントする意味がここにあります。

私は、できるだけ具体的にその方策をもちたいと考えます。子供たちが学ぶ主役となるために。

本書が、新しい学習指導要領の要《かなめ》であるカリキュラム・マネジメントの具体の姿として多くのみなさまにご活用いただければ幸いです。

平成29年3月吉日　上原　進

カリキュラム・マネジメント入門

田村　　学　文部科学省初等中等教育局視学官

〈研究同人〉　50音順（所属は平成29年２月現在）
◎…編集代表

朝井　宜人　上越市立大手町小学校
安生　留衣　上越市立飯小学校
飯野　浩枝　上越市立宝田小学校
石黒　和仁　上越市教育委員会
猪又　智子　上越教育大学附属小学校
◎上原　　進　上越市立宝田小学校
大岩　恭子　上越市立保倉小学校
大下さやか　柏崎市立北条小学校
大野　恵理　上越市立飯小学校
笠井　将人　上越市立大手町小学校
小池亜希子　柏崎市立中通小学校
五島由美子　元小学校長
金　　洋輔　五泉市教育委員会
杉田かおり　柏崎市立柏崎小学校
炭谷　倫子　上越市立宝田小学校
相馬　　修　上越市立大和小学校
田中　文健　上越教育大学教職大学院
中澤　照美　上越市立南川小学校
長野　哲也　上越教育大学附属小学校
中山　　卓　柏崎市立剣野小学校
仁田　英子　上越市立古城小学校
野島　聡子　十日町市立松之山小学校
甫仮　直樹　上越市立大手町小学校
松風　幸恵　上越市立上雲寺小学校
三星　雄大　新潟大学教育学部附属新潟小学校
山之内知行　長岡市立太田小学校

カリキュラム・マネジメント入門

「深い学び」の授業デザイン。
学びをつなぐ7つのミッション。

2017（平成29）年3月1日　初版第1刷発行
2020（令和2）年3月16日　初版第9刷発行

編著者　田村　学
発行者　錦織圭之介
発行所　株式会社　東洋館出版社
〒113-0021　東京都文京区本駒込5-16-7
営業部　電話 03-3823-9206／FAX 03-3823-9208
編集部　電話 03-3823-9207／FAX 03-3823-9209
振替　00180-7-96823
URL　http://www.toyokan.co.jp
装　幀　中濱健治
印刷・製本　藤原印刷株式会社

ISBN978-4-491-03320-4　Printed in Japan